Psychologie und Alchemie

Widerspruch oder Synthese

Psychologie und Alchemie

Widerspruch oder Synthese

Alois Bahemann
Manfred Blauth
Michael Gawlitta
Susanne Gawlitta
Heiko Haase
Gerard Piket
Hilde Rudolph
Ute Schendel

DRP Rosenkreuz Verlag, Birnbach

Umschlaggestaltung: Heiko Haase
Die Abbildungen in diesem Buch sind sind aus Werken von Michael Maier.

www.drp-rosenkreuz-verlag.de

Gestaltung, Satz und Repro:
VAW Schiemann, Strinz Margarethä

ISBN 978-3-945115-03-9

Inhalt:

Vorwort

Im Jahr 1991 erhielten einige Ärzte aus der Schülergruppe der Internationalen Schule des Goldenen Rosenkreuzes von der spirituellen Leitung den Impuls, sich mit medizinischen Fragen in Bezug auf einen spirituellen Weg auseinanderzusetzen. Zum Beispiel: Gibt es Therapieverfahren, die die Prozesse der Seelenentfaltung behindern könnten?
So beschäftigten wir uns zunächst mit schulmedizinischen Diagnose- und Therapieverfahren. Später kamen Methoden der Naturheilkunde, der Alternativmedizin und der Psychotherapie hinzu. Die Gruppe wurde daher erweitert um Schüler aus anderen Heilberufen wie Heilpraktiker und Psychotherapeuten. Ein großes Spektrum der unterschiedlichsten Methoden sollte abgedeckt werden.

Im Laufe der Jahre zeigte sich immer mehr, dass es nicht so sehr um eine einzelne Methode geht, die spirituell suchende Menschen anwenden können oder nicht. Viel wichtiger ist das Bewusstwerden psychischer Blockaden, die zu Erkrankungen führen können. Eine Zeit lang besprachen wir Krankheitsfälle und gaben in zahlreichen Gesprächen Unterstützung bei vielschichtigen Problemen, auch bei den Themen Tod und Sterben.
Daraus entwickelten sich Vorträge, die an Zusammenkünften mit den Schülern und Schülerinnen (Menschen, die sich der Schule des Goldenen Ro-

senkreuzes angeschlossen haben) besprochen wurden und Missverständnisse auf dem spirituellen Weg ausräumen konnten. Das führte oft zu großer Erleichterung.

In den letzten Jahren beschäftigte sich die Therapeutengruppe des norddeutschen Arbeitsfeldes intensiv mit dem Thema der psychologischen Alchemie. Als Inspiration dienten unter anderem die Bücher: Thom F. Cavalli, *Alchemical Psychology* und Edward F. Edinger, *Der Weg der Seele*.

Hieraus entwickelte sich der erste Vortrag: Psychologische Alchemie, der im Jahr 2014 in allen Zentren des norddeutschen Arbeitsfeldes gehalten wurde. Das Thema zeigte eine große Resonanz, weil sich jeder in seiner Seele angesprochen fühlte.

Wir freuen uns daher, die Arbeit der Therapeutengruppe in diesem Buch zu veröffentlichen und haben uns entschlossen, die Prozesse der Alchemie, die in jedem Menschen stattfinden, der einen seelenbefreienden Weg geht, mit Kupferstichen und Bildern alter alchemistischer Darstellungen zu ergänzen. Sie lösen tiefsitzende Erinnerungen aus und erheben die Seele.
Wir freuen uns, wenn das Buch dazu beiträgt, den Prozess der Selbsterkenntnis und Seelenbefreiung zu unterstützen

Ignis Nitri Rosis Invenitur
INRI
Das Feuer des Salpeters
ist in der Rose zu finden.

Psychologische Alchemie

Wenn der Mensch vom Geist berührt wird und Herz und Haupt dadurch in Harmonie gelangen, kann ein Handlungsleben folgen, das sich aus den Erkenntnissen der Seele ergibt. Die alchemischen Prozesse beschreiben diese universellen Seelenvorgänge, die sich in der Folge in der Welt sichtbar auswirken. Grundsätzlich kann man alchemische Prozesse auf vielen Ebenen und für unterschiedliche Zwecke nutzen; wir beschäftigen uns hier jedoch mit jenen Prozessen der Alchemie, in welchen die Geist-Berührung ein entscheidender Faktor ist.
Es geht um die Frage: „Wer bin ich?“, also um den Wechsel vom Erleben einer persönlichen Identität zum Erleben eines innereigenen Gottesbewusstseins, oder biblisch formuliert: Es geht um den Weg vom natürlichen Bewusstsein über das johanneische Bewusstsein zum Bewusstsein des Jesus-Christus-Menschen.
Zur Selbsterkenntnis benötigt der Mensch ein Gegenüber, einen Spiegel. Wir erkennen uns in anderen Menschen, und Gott erkennt sein höchstes

Abbild, den göttlichen Menschen, im natürlichen Menschen.
„Zwei Augen hat die Seele; das eine schaut in die Zeit, das andere ist stets auf die Ewigkeit gerichtet.“ (Angelus Silesius)

Während der Arbeit mit psychologischer Alchemie haben sich folgende sieben Prozesse ergeben:

calcinatio	oder Glühen	Feuerprozess
solutio	oder Lösen	Wasserprozess
coagulatio	oder Formgeben	Erdprozess
sublimatio	oder Erhöhen	Luftprozess
mortificatio	oder Ersterben	Sterben in Christus
separatio	oder Regenerieren	Erneuerung im Heiligen Geist
conjunctio	oder Vereinigen	Verwirklichung im Gottes-Geist

Die ersten vier der oben beschriebenen Prozesse: **calcinatio, solutio, coagulatio** und **sublimatio** müssen nicht unbedingt in der vorgegebenen Reihenfolge stattfinden, sondern können sich auch gleichzeitig oder in einer anderen Abfolge vollziehen. Sie stellen die Grundlage für die Seelenentwicklung auf der persönlichen Ebene dar wie die quadratische Basis einer Pyramide.
Für die folgenden drei Stufen: **mortificatio, separatio** und **conjunctio** ist die Hilfe des „dreifachen philosophischen Feuers“, des „trigonum igneum“, notwendig. Mit diesen drei höheren Prozessen sind geistberührte Menschen bereits grundsätzlich verbunden. Sie führen uns auf der Basis des entstandenen Vierecks weiter in der Geist-Seelen-Entwick-

lung und bilden die Kraft des höheren feurigen göttlichen Dreiecks, des „trigonum igneum".

Wir wollen im Folgenden versuchen, die Prozesse lebendig erfahrbar zu machen, und beginnen mit der **calcinatio**.
Die Alchemisten hatten bei diesem Prozess der Seele ein äußeres Bild vor Augen, nämlich das des gebrannten Kalks. Es faszinierte sie, dass gebrannter Kalk durch Zugabe von Wasser feurige Hitze erzeugt und dann zu gelöschtem Kalk wird. Normalerweise löschen wir das Feuer mit Wasser, aber bei diesem Vorgang wird durch Wasser Hitze, also Feuer, erzeugt. Wir benötigen bei dieser Aufgabe somit als erstes Feuer, das durch die Geist-Berührung in uns einen Läuterungsbrand entfachen kann.

Seelisch gesehen bedeutet es, dass wir die Auswirkungen unbewusster Strukturen im Ego erfahren und erkennen lernen. Das ist die Konfrontation mit den Gesetzmäßigkeiten, die unser Leben bestimmen. Wir können den Mut entwickeln, uns ihnen zu stellen, sie auszuhalten im Sinn einer Selbsterkenntnis, darüber nachzudenken und daraus zu lernen. Alle Gedanken und Gefühle, die mit Ärger, Scham oder Schuldgefühlen besetzt sind, können dann konstruktiv und mutig zum Ausdruck gebracht werden. Im Endergebnis erringen wir die Kraft, uns unsere Unvollkommenheiten einzugestehen.
Unsere Lebenssituationen enttäuschen oft unsere Vorstellungen davon, wie es eigentlich laufen sollte, und wir erleben schmerzhaft unsere Unzulänglichkeit. Es ist der innere Brand der Seele, der uns zu dieser Konfrontation mit uns selbst und zu dieser Korrektur der Sicht auf uns selbst treibt. Und genau

diese Energie erzeugt das Feuer der **calcinatio**, indem sie uns zwingt, alles so anzunehmen, wie es das Leben will und nicht, wie wir es uns vorstellen. Wenn wir diesen Prozess durchlaufen, erwerben wir die Fähigkeit, auch andere Menschen in ihrer Widersprüchlichkeit, in ihrer Unvollkommenheit, also in ihrem „So-Sein" anzunehmen. Dadurch entsteht die läuternde Wirkung dieses ersten alchemischen Prozesses, der uns immer wieder mit oft überschäumenden Affekten des Ego konfrontiert und uns beim Fortschreiten in die Gelassenheit der Seele leitet. Dieses innere Durchglühen im Calcinationsprozess bis hin zur Asche führt zur Freisetzung der Essenz des bisherigen Lebens, zur Stille nach dem Läuterungsbrand.
Das verlangt nach einer kürzeren oder längeren Zeit der Neuorientierung immer wieder nach Klärung, Lösung, Reinigung und einer immer bewussteren Wahrnehmung.

Die Midlifecrisis könnte man als Beispiel für den **calcinatio**-Prozess anführen.
Die Familie ist erwachsen geworden, die berufliche Entwicklung hat häufig ihren Höhepunkt erreicht, und so muss sich das Auge der Seele vom Außen ab- und dem Innen zuwenden. Diese Lebenssituation ist häufig mit tiefen inneren Krisen verbunden. Sie verschärfen sich umso mehr, wenn die Menschen nicht intensiv an ihren Seelenprozessen arbeiten, sondern eine Lösung lediglich in oberflächlichen Veränderungen suchen.

Die Gefahr einer unvollständigen **calcinatio** entspricht einem Erstickungsprozess der Seele, der bis zur Selbstzerstörung führen kann, zum Beispiel wenn Menschen in Kränkungen und den daraus resultierenden negativen Gefühlen gefangen bleiben. Sie sind dann im wahrsten Sinn des Wortes nachtragend und können unter der Last der Vergangenheit sehr leiden. Der Prozess der **calcinatio**, des Durchglühens, kommt zwar immer im richtigen Moment, wird aber vom Einzelnen sowie der gesamten Menschheit eher als Schicksalsschlag empfunden und erst im Nachhinein durch die ersehnte und angekündigte **solutio** als sinnvoll erkannt.

Der nun folgende alchemische Prozess der **solutio** ist ein Wasserprozess. Für unsere Psyche bedeutet dieser Vorgang, dass alte, eingefleischte Muster, Prägungen aus der Kindheit, Verfestigungen und Programme, nach denen wir handeln, durch Bewusstmachung integriert und angenommen werden, um dem Wiederholungszwang entgegenzuwirken. Unsere Identifikationen werden überprüft und können dadurch entkräftet werden.
Bei diesem Vorgang werden uns unsere Schattenseiten mehr und mehr deutlich. Wir lösen uns zunehmend von ihnen und belasten oder vergiften so immer weniger unsere Mitmenschen durch unsere eigenen Projektionen, Gefühle und Gedanken.
Somit waschen wir uns im Sinne der **solutio** symbolisch gesehen von seelischer Verunreinigung und Anhaftung an alten Mustern rein und gehen in eine neue, höhere Region ein.

Natürlich können dabei Angstgefühle auftreten, denn ein hart erkämpftes Ego ist nicht ohne Weiteres bereit, Vorstellungen zurückzunehmen und sich stattdessen den inneren Prozessen der Seele zuzuwenden. Von dieser Erkenntnisstufe an wird sich

die nach mehr Licht sehnende Naturseele den folgenden Prozessen bewusst hingeben.
Die Persönlichkeit lebt, von außen betrachtet, weiter in ihren früheren Tätigkeiten, aber die innere Motivation, die Gestaltungskräfte sind nicht mehr egozentriert, sondern dienen der Entfaltung eines erneuerten Lebens. Das Ich wird jetzt zu einem Diener der Seele.
Wir heben dadurch die Persönlichkeit über sich selbst hinaus und binden sie in ein höheres integrales Ganzes ein.
Ein Beispiel aus der Mythologie erzählt, dass Herkules den Stall des Augias reinigte, indem er zwei Ströme umleitete. So müssen auch wir es zulassen, dass die göttlichen Lebensströme unser System durchfluten.

Um die **solutio** alchemistisch zu verwirklichen, geht es also darum, dass wir aus diesen Strömen leben und nicht zu sehr aus den Impulsen der Persönlichkeit.
Die Gefahr bei der Arbeit der **solutio** ist jedoch, dass sich ein zu nachgiebiges, schwaches Ich der Auflösung in einer Gruppe hingibt, ohne dass vorher ein gefestigter Reifezustand entwickelt wurde. Das ist eine vorzeitige **solutio**, eine Auflösung. Dabei wird die Eigenverantwortung einer äußeren Instanz übertragen, und es entwickelt sich eine unreife Ichlosigkeit, wobei das Individuum sich vom Gruppenkollektiv schlucken lässt, wie es zum Beispiel in politischen Parteien oder Sekten geschehen kann. Dies ist unter keinen Umständen für eine Geist-Seelen-Entwicklung erwünscht.
Durch die **solutio** soll vielmehr eine Persönlichkeit entstehen, die sich unter Bewahrung ihrer Auto-

nomie in eine Gruppe mit Gleichgesinnten einfügen kann, ohne sich selbst zu verlieren. Die Persönlichkeit wird als Dienerin gebraucht, die über gesunde Funktionen verfügt, sich mal durchsetzen, aber auch mal nachgeben kann, je nachdem, wie es innerhalb einer Geist-Seelen-Gemeinschaft erforderlich ist. Es geht um wahre Gruppeneinheit, in die sich eine Persönlichkeit aus freiem Willensentschluss bewusst integriert oder eingibt. Das ist das Ziel eines reifen Seelenwachstums, das durch viele Stadien hindurchgeht.

Wenden wir uns nun dem dritten alchemischen Prozess zu, der **coagulatio**.
Nach der bisherigen Vorbereitung kann und muss etwas Neues entstehen, Fleisch werden, Gestalt annehmen, was dem Prozess der **coagulatio** entspricht. Die **coagulatio** ist dem Element Erde zugeordnet, es tritt also eine Manifestation und Formgebung des bisher erreichten Zustandes ein. Psychologisch gesehen bedeutet das, dass durch die Tat, durch eine intensive Aktivität des Dieners der Seele, die Auswirkungen der Seelenerkenntnis eine neue Gestalt, eine neue Form und einen neuen Ausdruck in der Lebenswirklichkeit bekommen. In den Bewegtheiten und Belastungen des täglichen Lebens wirkt die Seele im Hintergrund stets mit. Die Auswirkungen der Seelenerkenntnis erhalten durch die johanneische Persönlichkeit eine Gestalt in der Lebenswirklichkeit.

Auf der Basis der bisher durchlaufenen Erkenntnisprozesse haben wir uns so weit von den Bindungen an diese irdische Welt gelöst, dass wir bei allen Schwierigkeiten des Lebens unsere Probleme, Konflikte und Missverständnisse nicht mehr nach den Methoden und mit den gewöhnlichen Mitteln und Maßstäben lösen, sondern fest entschlossen unseren Weg gehen. Der strebende Mensch stellt sich voll und ganz dem Leben; jeder Tag hat seine Aufgabe und liefert genau das Material, das mit Seelenbewusstsein durchdrungen und verwirklicht werden muss. Diese inneren Prozesse beobachten wir sehr genau, ebenso den Widerstand, den wir ihnen entgegensetzen. Und aus diesem beobachtenden Bewusstsein reifen wir durch Erfahrungen. Niemand sollte vor den Bedrängnissen der Wirklichkeit zurückschrecken. Dann wird das Leben genau die Form annehmen, die der Seele wahren Ausdruck verleiht. Dieses Ringen um Erkenntnis, das In-Form-Bringen von neu errungenen Seelenvorgängen, ist die **coagulatio**. Ein schönes Bild für den Seelenprozess der **coagulatio** ist, dass reine Seelenerkenntnis mit der Persönlichkeit verbunden werden muss, um zu einem neuen Handlungsleben zu führen.

Ein Weiser sagte einst:
„Was du dein Erdenleben nennst, ist rohes Material, an dem du fast nichts oder wenig ändern kannst. In deine Hand jedoch ist es allein gegeben, was du in geistiger Form aus ihm erbauen wirst, und keine Macht der Erde wird dich hindern können, so zu bauen, wie es der Grundriss, den deine Seele sieht, von dir verlangt."
Bo Yin Ra, *Geist und Form*

Diese strahlende Gegenwärtigkeit ist die Mission des Christentums auf Erden. Sie ist die Voraussetzung für einen ganz neuen Prozess, der alles und alle durchdringt und umfasst: Das höhere Seelenbewusstsein kann jetzt vom Geist berührt werden, und eine alles umfassende Liebe kann sich manifestieren.

Die Gefahr der **coagulatio** besteht in einer narzisstischen Verkennung. Der betreffende Mensch könnte meinen, bereits erlöst zu sein. Deshalb ist es wichtig, dass er sich entscheidet, nicht länger am alten Grundriss seines Ego zu bauen, sondern an seiner Seele - und damit am „neuen Haus Sancti Spiritus". Wichtig ist eine neue Erdung, denn wie sollte die bewusste Seele die Erde durchwirken, wenn die Persönlichkeit die neue Erdung nicht im täglichen Leben praktiziert? Wir dürfen also nicht an alten Vorstellungen kleben bleiben, in einer falschen Erdung, die keine Veränderung zulässt.
Es geht um ein Heilbegehren, das sich nach Geist-Berührung sehnt, aber unter keinen Umständen um ein süchtiges Sich-Hinwegsehnen aus Angst vor der Welt. Hier würde das Sehnen nach dem Höheren als Abwehr gegen die Realität des Lebens benutzt werden. Der Mensch wäre wie Kain, der zwar Wissen besitzt, aber dem es an der Liebe einer reifen Seele noch mangelt.

Nun wollen wir den vierten alchemischen Prozess besprechen, die **sublimatio**.
Wie die **calcinatio** mit dem Feuer, die **solutio** mit dem Wasser, die **coagulatio** mit der Erde verbunden wird, so ist die **sublimatio** eine Operation der Luft. Sie ist also ein Aufstieg, der uns aus den Verstrickungen des unmittelbaren Lebens herauslöst und die Möglichkeit schenkt, uns zu erheben und die Angelegenheit aus der Sicht der Seele zu lösen. Die Persönlichkeit gewinnt Distanz zu sich selbst und weiß dann, was zu tun ist.

Man könnte es psychologisch so erklären, dass man sich „über“ ein Problem stellt, indem man es objektiv betrachtet und zu dessen Prinzipien vorstößt. Durch den Einfluss der Seele erhalten wir die Fähigkeit, uns aus der Identifikation mit den Problemen herauszulösen, und können die Angelegenheit von einer mehr neutralen, weil übergeordneten, Perspektive aus betrachten. Dann zeigt sich der rote Faden aller Vorgänge.
Menschen, die über diese neue Seelenqualität verfügen, sind immer öfter in der Lage, bei Schwierigkeiten des äußeren Lebens in eine innere Distanz zu gehen, sich also auf ihre lebendige Seele zu beziehen, ihre eigenen Gedanken, Gefühle und Willensaktivitäten nüchterner zu betrachten und von diesem Ruhepol auf erhöhter Position klare Entscheidungen zu fällen. So lernen wir immer besser, gleichzeitig reflektierender Zuschauer und Akteur zu sein.
Die beschriebene alchemische Operation der **sublimatio** hat nichts mit der von Freud dargestellten Sublimation zu tun, die ein kultivierter Triebimpuls ist.

Unser Leben ist die Bühne, Zuschauer ist die ringende Seele, die durch die Erfahrungen der Persönlichkeit immer bewusster wird. Der Sinn der **sublimatio** ist dann erfüllt, wenn sich die Persönlichkeit soweit erhoben hat, dass sie frei von Urteil und Kritik geworden ist und nichts mehr auf ihre Mitmenschen projiziert. Dann ist die Freiheit der Seele geboren! Dieses Vermögen ist daran erkennbar, dass solche Menschen humorvoll geworden sind, denn sie haben sich selbst in ihren Schwächen kennen und lieben gelernt und müssen dank ihrer

inneren Klarheit nicht mehr an Konflikten anknüpfen.
Die Gefahr der **sublimatio** besteht darin, in Idealvorstellungen zu flüchten und den Bezug zur Realität zu verlieren. Da der Betreffende in diesem Fall die Christuskraft nicht aufgenommen hat, würde der folgende Prozess der **mortificatio** verhindert.

Wir haben nun die ersten vier Operationen der Alchemie besprochen und können Folgendes feststellen:

Ob das Ego im Feuer der Seele zu Asche wird (**calcinatio**),
ob der Extrakt sich in den Wassern der Seelenfülle auflösen lässt (**solutio**),
ob sich durch die Seele eine neue, dienstbare Persönlichkeit formt (**coagulatio**)
oder ob wir durch die Seele gleichzeitig auch eine beobachtende Perspektive einnehmen können (**sublimatio**):
Es spielt letztendlich keine Rolle, welcher alchemische Prozess in unserer Seelenentwicklung im Vordergrund steht, denn das hängt davon ab, welches Element in uns bestimmend nach außen tritt, da sowohl in einer feurigen, wässrigen, erdigen oder luftigen Persönlichkeit die höheren drei geistigen Kräfte des „trigonum igneum“ auch immer im Hintergrund anwesend sind.

Wenn es uns gelingt, die soeben besprochenen Prozesse erfolgreich zu durchlaufen, tritt ein wunderbares Ereignis ein, nämlich die oft beschriebene Lichtgeburt Gottes. Das Ego ist soweit in den Hintergrund getreten, die Seele hat einen so reifen Entwicklungsstand erreicht, dass sich der Geist über die Pinealis mit der Seele zur Geist-Seele verbinden kann. Damit erscheint das Zeichen des Menschensohnes auf der Stirn, das Einhorn, da die Willensimpulse dann dem göttlichen Willen entsprechen. Das ist der Beginn der „Alchymischen Hochzeit“, von der in dem Buch: *Die Alchymische Hochzeit des Christian Rosenkreuz* von Johann Valentin Andreä gesprochen wird.

Wir wollen nun auf die folgenden Prozesse der Alchemie eingehen und die Bibel als Leitfaden vor unser Bewusstsein stellen.
Die **mortificatio** ist der fünfte Schritt. Die Idee der Transfiguration geht über den Aspekt der Seele bis in die Materie hinein und verwandelt sie. Dazu lesen wir im 17. Kapitel des Matthäus-Evangeliums, dass Jesus Petrus und Jakobus und dessen Bruder Johannes mit auf einen hohen Berg nahm und vor ihnen verklärt wurde. Sie sahen Moses und Elias vor sich. Da überschattete sie eine lichte Wolke, und als sie ihre Augen öffneten, sahen sie nur noch Jesus. Und da sie vom Berge herabgingen, gebot ihnen Jesus: „Ihr sollt dies Gesicht niemandem sagen, bis des Menschen Sohn von den Toten auferstanden ist.“

Dieses persönliche Erleben bleibt zunächst in der Seele verschlossen. Die Jünger haben in dem Gesicht eine Christus-Erscheinung im intimsten Inneren erlebt. Da sie diese Erfahrung aber noch nicht preisgeben können, müssen sie vom „Berg der Geist-Seelen-Bewusstheit“ wieder hinabsteigen. Dieses wunderbare Kapitel der Bibel beschreibt, dass der nun geistseelenbewusst gewordene Mensch nicht im mystischen Licht der Seele verharren darf; sondern

das Mysterium des Christus fordert, dass die Geist-Seele durch die stoffliche Materie hindurch ihren Ausdruck in einem zukünftigen verklärten physischen Leib finden muss.
Der Prozess der **mortificatio** beginnt mit dem Abstieg vom Berg Tabor und findet über die Kreuzigung, Grablegung und Auferstehung seine Bekrönung.

Der nun folgende **separatio**-Prozess der Alchemie ist die entscheidende Heraustrennung des Natürlichen, des zur Erde Gehörenden, durch das Ereignis der **mortificatio** hin zum Geistigen, ja, zur Regeneration im Geiste. Dieses Erleben wird in der folgenden Bibelstelle angedeutet (Johannes 20/11), wo die Jünger und Maria das Grab Jesu Christi leer fanden. Maria weinte, und als sie sich umdrehte, sah sie dort Jesus stehen, aber sie glaubte, es sei der Gärtner.

„Spricht Jesus zu ihr: ‚Maria!‘ Da wandte sie sich um und spricht zu ihm: ‚Rabbuni!‘ (Meister) Spricht Jesus zu ihr: ‚Rühre mich nicht an! Denn ich bin noch nicht aufgefahren zu meinem Vater. Geh aber hin zu meinen Brüdern und sage ihnen, ich fahre auf zu meinem Vater und zu eurem Vater, zu meinem Gott und zu eurem Gott.‘“

In dieser Geschichte, diesem heiligen Mysterium, erkennen wir deutlich, dass Christus Jesus nach dem Ablegen des alten physischen Leibes am Kreuz bereits einen neuen physischen Leib erworben hat, er ist aber noch nicht vollständig und darf in seiner Entwicklung nicht gestört werden. Daher die Warnung an Maria: „Rühre mich nicht an.“

Das alchemische Werk ist fast vollbracht, es fehlt noch der letzte Prozess, die **conjunctio**, die Wiedervereinigung, die endgültige Verbindung.

Nach der Grablegung Jesu gingen die Apostel an einen Ort nahe Jerusalem und redeten miteinander, als sich ihnen Jesus zugesellte, sie ihn aber nicht erkannten. Erst als er mit ihnen das Brot brach, wurden ihre Augen geöffnet. Und er erklärte ihnen das gesamte Christus-Mysterium, von dem sie Zeuge geworden waren. Jetzt war sein Auftrag erfüllt, er konnte die Apostel segnen; und es geschah, dass er von ihnen schied und auffuhr gen Himmel. (Lukas 24/13-53)
Die Apostel gingen mit großer Freude nach Jerusalem zurück und priesen den Christus in sich selbst: „Dich, Gott, loben wir."

Das größte Mysterium, das die Welt je erlebt hat, war erfüllt - die Vereinigung mit Gott.

Visita Interiora Terrae Rectificando Invenies
Occultum Lapidem
VITRIOL

Steige in das Innere der Erde hinab; indem du es läuterst,
wirst du den verborgenen Stein finden.

Einleitung zur Bildersprache der alchemischen Rezepte

Im alten Ägypten vor über 3000 Jahren war das Zeichen für das Auge von Horus der Beginn eines Rezeptes und wird bis auf den heutigen Tag von Ärzten als Zeichen Rp benutzt.

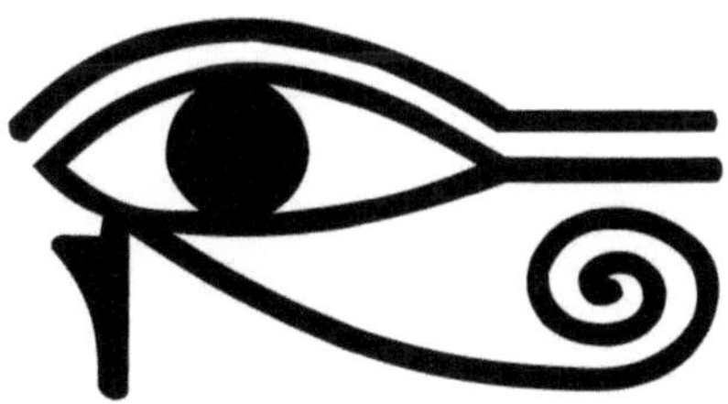

Das Auge des Horus

ist das Symbol für die Heilung und Wiederherstellung, die Erneuerung, das „Ganzwerden". Für den Apotheker war dieses Symbol gleichzeitig die Angabe für die Zubereitung eines bestimmten Heilmittels und dessen Zutaten, nachdem der Alchemist in ihm mit seinem Seelenauge in die geistige Welt geschaut hatte, weil es wichtig ist, mit welchem Bewusstsein eine Rezeptur angefertigt wird.
Die Alchemisten benutzten nicht nur Rezepte für die physische Ebene, sondern auch für die Heilung der Seele. Die Zutaten bildeten die verschiedenen Seelenprozesse, die zur Selbstübergabe und zur Stärkung und Entwicklung der Geist-Seele führen.

Um diese Prozesse zu verdeutlichen, wurde eine Bildersprache benutzt, weil die Seele dadurch unmittelbarer und direkter angesprochen werden kann als nur durch Worte.
Im Folgenden werden Bilder erläutert, die mit alchemischen Seelenprozessen in Verbindung stehen.

Rezept 1

Welcher in der Philosophen Garten will gehen ohne den Schlüssel, ist gleich einem Manne, der gehen will ohne Füße.

Mit Rosen vielerlei Art ist geziert der Garten der Weisheit,
aber seine Tür steht fest verschlossen versehen, allzeit,
ein gering Ding, so schließt ihn auf, in der Welt gefunden wird,
ohn' welches du wandelst gleich ohn „Füß auf Erd"
umsonst du auf den hohen Berg Parnassum trachtest zu geh'n,
der du auf ebenem Weg kaum auf ein'm Schenkel kannst steh'n.

Der Rosengarten der Weisheit hat einen Überfluss an Blumen. Aber die Tür ist immer mit Ketten verschlossen. Wer den Rosengarten ohne den – für die Welt wertlosen – Schlüssel betreten will, um die weißen und roten Rosen zu sehen und zu pflücken, gleicht einem Menschen, der ohne Füße herumgehen möchte, weil ihm die spirituelle Standfestigkeit fehlt. Im Rosengarten benötigen wir ein „geistiges Stehvermögen“. Der betreffende Schlüssel wird mit einem „durch und durch feurigen Geist“ identifiziert (spiritus totus igneus).
Das philosophische Werk wird nicht gelingen, wenn die Arbeit nur mit Feuer (Vulcanus) und nicht mit Weisheit (Seele) durchgeführt wird.

Rezept 2

Der König, schwimmend im Meer, schreit mit lauter Stimme:
Wer mich errettet, wird ein großes Geschenk empfangen.

Der König, dem sein Haupt ist von einer goldenen Krone ganz schwer,
ruft also überlaut, schwimmend im tiefen Meer:
Warum helft ihr mir nicht? Warum kommt nicht gelaufen jedermann,
so ich errettet bin aus der Not des Wassers, mich beglücken kann,
bringt mich, so ihr weise seid, in mein Reich, und es soll zu keiner Zeit
euch Armut bedrücken oder beschwerliche Krankheit des Leibes.

In der Bibel im Psalm 96 heißt es: „Rette mich, oh Gott, weil die Fluten des Wassers kommen zu meiner Seele. Ich bin versunken in unergründbarem Schlamm, wo es keinen Halt gibt. Ich kam in die Tiefen des Wassers und die Fluten strömten über mich.“

Ein König mit einer Krone auf seinem Haupt, das heißt auf dem Weg zur Königschaft des himmlischen Körpers, liegt im Wasser (solutio-Prozess).
Der König mit seiner Krone ist hier Symbol für den Gottesfunken. Dieser Geistfunke befindet sich in der Mitte des Mikrokosmos, also im Herzen der Persönlichkeit. Dort wird er von den Fluten des Blutes, den Fluten des Ich mit seinen Identifikationen und Projektionen nahezu überspült. Der geistige Funke klopft an unser johanneisches Bewusstsein und schreit wie der König: „Bereitet dem Herrn die Wege.“
Wenn Johannes bereit ist, die Pfade des Herrn recht zu machen, kann der König, der Gottesfunke, zurück in sein Reich geführt werden. Das ist das größte Geschenk Gottes an den Menschen.
Der König droht in der dialektischen See zu ertrinken; sein Blick muss sich umwenden auf das ruhige, klare, den Himmel widerspiegelnde Wasser des neuen Reiches. Wer diesen König in sich errettet, wird beschenkt mit der Königschaft des neuen Lebensfeldes.
Dieser Prozess der Auflösung unbewusster Persönlichkeitsmuster führt durch Umwendung und Verwandlung hin zu einer neuen Bewusstwerdung.

Rezept 3

Seid wachsam, auch wenn ihr schlaft.

Das hier gezeigte Bild ist eine der ersten perspektivischen Darstellungen. Es bedeutet, dass sich das einfache Gedankenleben der damaligen Menschheit ausdehnte, erweiterte, sich versuchte zu befreien von irdischen Zwängen.

Die vielen Sprüche auf dem Kaminsims, der Balken an der Decke, am Gebetstabernakel und im Vordergrund des Bildes beziehen sich alle auf den Seelenzustand des Betens und Arbeitens (ora et labora), der auch im Schlafzustand eine reine Bewusstheit ermöglicht. In der Literatur über die hermetische Urgnosis sagt Pymander: „Wenn du den ganzen Tag seelenausgerichtet bist, dann wird sich die Seele im Schlaf in einem reinen astralen Seelenfeld aufhalten. Es ist der Zustand der Nüchternheit der Seele, einer wachen Bewusstheit."

Links neben dem Gebetstabernakel stehen viele Bücher, und daneben ist ein Text: „Glücklich ist der, mit dem Gott seine Weisheit teilt. Wenn wir beten, kommt Gott zu uns. Wie Rauch steigt das Gebet empor, ein Wohlgefallen für Gott. Lerne zu sterben."

Auf dem Tisch mit den Musikinstrumenten steht geschrieben: „Die heilige Musik verbannt die Traurigkeit und die bösen Geister, weil der göttliche Geist gerne die Zither spielt in einem gottesfürchtigen Herzen und uns teilnehmen lässt an der Sphären-Harmonie."

Am Laboratorium rechts (Kamin) steht: „Das tägliche Arbeiten und Beten soll weder unüberlegt noch ängstlich sein."

„Auf weise Art probiert, wird es gelingen."

Auf dem Sims mit den zwei Säulen steht Folgendes:
„Ratio et experimentia" (Erfahrung macht klug)
und „Eile mit Weile".

Auf dem Altartisch stehen drei Texte: „Glücklich, wer dem Rat Gottes folgt. Sprich nicht über Gott, ohne erleuchtet zu sein. Wenn wir uns rein auf unsere Arbeit richten, wird Gott selbst uns erleuchten." (Übersetzung nach Kunrath)

Rezept 4

Säet euer Gold in weiß geblätterte Erde.

Die Ackerleut in die feiste Erde säen ihren Samen,
wenn sie wohl zermalmet ist mit eisernen Zähnen,
die Weisen aber lehren ihr Gold werfen in die Erde,
den Blättern gleich ganz weiß, dass Gold daraus mag werden,
dass du solches recht machst, schau auf der Bauern Werk ganz eben,
denn Gold wächst wie Weizen, und hat sein eigenes Leben.

Die vier beschriebenen Prozesse der Alchemie: calcinatio, solutio, coagulatio und sublimatio läutern die Seele und schaffen den leichten Boden, die weiß geblätterte Erde, in der der Geist wirken kann und die Saat aufgeht.

In diesen vier Prozessen der Alchemie erfolgt die erste Veraschung beziehungsweise Reinigung, im darauf folgenden Christus-Mysterium mit dem Kreuzestod die zweite Veraschung.

Hermes sagt: „Die weiß geblätterte Erde ist die Krone der Überwindung, sie ist Asche, die ein zweites Mal der Asche entzogen wurde. Verachte die Asche nicht, sie ist das Diadem, das Kronjuwel des Herzens.“ (J. v. Rijckenborgh, *Ägyptische Urgnosis, Teil* 2, 7. Buch)

Das bedeutet: Wenn das göttliche Gold, die göttliche Kraft, in die Menschheit gesät wird, dann muss die Menschheit vorbereitet sein, das heißt, es geht um ein neues Bewusstsein durch Läuterung - Albedo-Phase.

Dann ist die Persönlichkeit durch diese Prozesse soweit aufgeschlossen, eben wie die weiß geblätterte Erde, dass sie das „göttliche Gold“ aufnehmen kann. Es kann auf fruchtbaren Boden fallen. Die weiß geblätterte Erde ist im Gegensatz zur schwarzen, natürlichen Erde die bereits durchgearbeitete Erde, also die Seele, die sich von ihrer Identifikation mit der Erde befreit hat und sich vom Samen des Geistes (dem Gold) befruchten lassen kann. Hier wird Bezug genommen zum Mysterium der Wandlung von Jesus zu Christus.

Wir sehen als Ergebnis der zuvor beschriebenen Seelenarbeit im zweiten Kupferstich den erwachten Geist-Seelen-Menschen als den geflügelten Hermaphroditen in der linken Bildhälfte.
Nachdem der johanneische Mensch in der rechten Bildhälfte die Wege des Herrn bereitet, also seine weiß geblätterte Seele für den Eintritt des „geistigen Samens“ vorbereitet hat, tritt er im erwachten Zustand der Vereinigung von Geist und Seele über den Wassern des Lebens ins Rampenlicht. Die ewige geistige Seelennatur wird hier sehr schön angedeutet als der magische Gang über den Wassern des neuen Lebensfeldes, dem kristallenen Meer, befreit von der Schwere der gefallenen Natur.

Rezept 5

Die Rose gibt der Biene Honig.

Die sieben-mal-sieben-blättrige Rose steht zentral an der Spitze eines Kreuzes.

Sie ist das Symbol für den Siebengeist, der den Menschenseelen - den Bienen - Honig, das heißt den Balsam von Gilead, spendet.

An der Seite links sehen wir ein Spinnennetz mit einer einzelnen Spinne, das die Verstrickung und Gefangenschaft des Ego in seiner Gedankenwelt darstellt.

Die Spinne als erdgebundenes Wesen bleibt in ihrem eigenen Netz gefangen.
Auf der rechten Seite stehen im Gegensatz dazu Bienenkörbe als Symbol für das geordnete Zusammenleben in einer Seelengemeinschaft, die in einen lebendigen Austausch mit der Rose, dem Siebengeist, eintritt. Symbolisch erkennen wir in dieser Darstellung das Mysterium von Golgatha: Christus in der Mitte, an einer Seite der ichzentrale Mensch und auf der anderen Seite der ringende Mensch, zu dem gesagt wird: „Noch heute wirst du mit mir im Himmel sein."

Rezept 6

solve et coagula.

Der Mensch entsteigt mit einem erneuerten Sein den Wassern der Unbewusstheit.
Mit Unterstützung der neuen Merkurkräfte in der rechten Hand ist er nicht länger an die Erde gebunden, sondern er erhebt sie in der linken Hand und wird ihr neuer Regent.

Im oberen Teil des Bildes erkennen wir links die Sonne und rechts den Mond als Symbol für die Einheit des männlichen und weiblichen Aspektes im erneuerten Menschen, dem „Filius Noster".

„Söhne Gottes" werden die Menschen genannt, die den Weg Christi gegangen und Pymander begegnet sind; sie sind im Haus „Sancti Spiritus" aufgenommen und helfen nun der Menschheit. Der erforderliche Prozess solve bedeutet, dass der Mensch seine Konflikte und seinen Schatten erlöst und durch das coagula seiner Seele eine würdige, neue Form als Ausdrucksmöglichkeit erschafft.

Rezept 7

Man benötigt Quecksilber zur Herstellung von Quecksilber.

Der Alchemist in der Mitte benötigt für die alchemistische Kunst die Kraft des Merkur, welcher zwischen Gott und Mensch einigend vermittelt.

Er berührt mit seiner rechten Hand den noch nicht aufgerichteten Merkurstab, entzündet mit der linken Hand seine Fackel und vermehrt sein inneres Feuer mit Feuer.
Er erlebt bewusst wahrnehmend seine inneren Seelenprozesse und wird zum erwachten Geist-Seelen-Menschen mit aufgerichtetem Merkurstab, der das erneuerte, aufgerichtete Schlangenfeuer symbolisiert.
Das ist der Kreislauf des Lichtes, der Kreislauf des Schlangenfeuers.

Rezept 8

Ohne göttliche Inspiration ist niemand groß.

In der Illustration sehen wir den Alchemisten, der während der Arbeit seinen Blick auf das Fenster fokussiert, durch welches das göttliche Licht nach innen scheint. Er richtet sich auf dieses Licht, er öffnet sich selbst für das Licht, in welchem ein Text erstrahlt.

Im Inneren des Anagramms erkennen wir:

I.N.R.I. Jesus von Nazareth, König der Juden.

In der Sprache der Rosenkreuzer: „Jesus mihi omnia, Jesus ist mir alles."

Im mittleren Kreis lesen wir:
„DAGERAM ADAM TE“, was für „Adam Te Adgeram“ steht: „Mensch, ich (Christus) werde dich hinführen.“ (zu Gott)
Und im äußeren Kreis stehen die Worte:
„ALGAR ALGASTNA AMRTET“, eine Verschlüsselung für „Tangas Larga Latet Am(o)r“. („Berühren magst du vieles, verborgen bleibt die Liebe.“)

So sind laut dem Göttinger Germanisten Professor Albrecht Schöne die Worte des Anagramms eine Anspielung auf den 1. Korintherbrief, 13, 2: „Und wenn ich weissagen könnte und wüsste alle Geheimnisse und alle Erkenntnis (...) und hätte der Liebe nicht, so wäre ich nichts.“
(Schwäbische Zeitung 31.12.2007, Sylvio J. Godon)

Rezept 9

Steige in das Innere der Erde hinab, indem du es läuterst, wirst du den verborgenen Stein finden.

Der Auftrag, der dem suchenden Menschen gegeben wird, ist die Selbstübergabe. Die Hasen im Vordergrund des Bildes sind das entsprechende Symbol für diesen Prozess, bei dem in einer Seelengemeinschaft einer des anderen Last trägt.

Als einziges Tier springt der Hase für einen Artgenossen in die Bresche, der aufgejagt und verfolgt wird und sich erschöpft niederlegt. Er übernimmt instinktiv aus dem Einheitserleben, dem Gruppen-Ich heraus die Aufgabe des Gejagten und das damit verbundene Risiko.
In diesem Zusammenhang möchten wir an die Hindu-Sage vom „Hasen im Mond" erinnern. In dieser Geschichte wird von drei Hasen erzählt, die in intensiver Frömmigkeit mit täglichen Gebeten zu Gott lebten. Obwohl Gott die Reinheit ihrer Herzen kannte, wollte er sie noch einmal prüfen und schickte den Mond zu ihnen, der um eine Speise für seinen Hunger bat. Der erste Hase lässt ihn an seinem Mahl teilnehmen, der zweite Hase bereitet ihm ein köstliches Essen, und der dritte Hase, dessen Speisekammern leer sind, gibt sich - als Zeichen der völligen Selbstübergabe - im Feuer zum Opfer dar.
(Maya Peter, *Um Ostern mit Kindern*)

Für den spirituellen Sucher (der kleine gebeugte Mann im Vordergrund links) bedeutet das Symbol des Hasen im übertragenen Sinn die Zurücknahme des Ego, also das Opfer des Ego für den Anderen, den werdenden Seelenmenschen im Persönlichkeitsmenschen. Geleitet wird er vom Meister, dem Geist-Seelen-Menschen, der innerlich sehend ist (Augenbinde). In diesem Zusammenhang muss auch die ursprüngliche Bedeutung des Osterhasen gesehen werden. Diese gelebte Selbstübergabe ist in einigen Kirchen - hier in der Kirche in Lauenen, Schweiz - als symbolische Darstellung zu finden. (Man beachte das „Höhere Hören" als Dreieck, gebildet von den Ohren, und die Instrumente als Symbol der Sphären-Harmonie.)

Begonnen wird der Prozess auf der Erde, wobei die vier Elemente Feuer, Wasser, Erde und Luft das sogenannte „Viereck für den Bau“ repräsentieren. Der Fels, der bestiegen werden muss, steht in der „akademischen See“, womit unsere dialektische Welt gemeint ist. (Abb. Seite 41)

Der zwölffache Tierkreis und auch die sieben Figuren auf dem Felsen, die die sieben Planeten darstellen sollen, sind dem Menschen bei der Besteigung des schwierigen Pfades behilflich. Man sieht die Planeten als Herrscher der verschiedenen Tierkreiszeichen.

Wir leben jetzt im beginnenden Zeitalter des Wassermanns, in dem die hinzugetretenen Mysterienplaneten Uranus, Neptun und Pluto ihre Wirkung entfalten. Dadurch wird der Mensch in die Lage versetzt, das Prinzip von den ursprünglich sieben Planeten im Verhältnis zu den zwölf Tierkreiszeichen anders zu verstehen.

Die sieben Stufen stellen eine Ansicht der sieben Prozesse der Alchemie dar. Nach der letzten Stufe, der Tinctura, haben wir den Geist-Seelen-Auftrag unseres Lebens erfüllt. Wir sind im Hochzeitssaal angelangt. Der König sitzt links unter der Sonne, die Königin unter dem Mond auf dem Kupferdach. Wer diese Prozesse vollbracht hat, nähert sich dem Feuer, dem kleinen Ofen hinter Braut und Bräutigam in der Felsnische in der Mitte des Bildes. Das stimmt überein mit dem Text: „Besuche das Innerste der Erde und gehe in den Läuterungsbrand ein." Diese kleine Kammer besitzt sieben Fenster, die als Bild für das Licht des eintretenden Siebengeistes gelten. Der Phönix steigt auf, das Werk ist vollbracht.

Der universelle Gang aus der Einheit im Geist durch die stufenweise Offenbarung desselben im Stofflichen und zurück in die Einheit des Geistes in der Vollendung: Das sind die grundsätzlichen Prozesse, die dem alchemischen Werk eigen sind.

In der Bibel wird der Prozess der Entstehung von Himmel und Erde im Offenbarungsfeld in sieben Schöpfungstagen beschrieben. In der Alchemie wird dann eine Wiederanbindung an den Geist des Ursprungs entwickelt. Bereits in der stofflichen Präparation der Substanzen durch den Alchemisten während des Prozesses „vom Blei- zum Goldzustand" gab es unterschiedliche Wege, das gewünschte Ziel zu erreichen. Man sprach zum Beispiel vom „nassen Weg", der mehr mit der Aufschließung der Substanzen durch wiederholte Lösungs- und Verflüssigungsprozesse arbeitete. Und es gab den „trockenen Weg", der überwiegend durch die Anwendung der Wärme beziehungsweise des Feuerprozesses gestaltet wurde. Selbstverständlich war damit die Reihenfolge der alchemistischen Prozeduren eine andere. Aber beide Wege führten bekanntermaßen zum selben gültigen Endziel. Und dass es in der Alchemie auch mehrfach Versuch und Irrtum gab und daher einige Vorgehensweisen scheiterten und nicht zum gewünschten Ziel führten, ist wohl hinlänglich aus der Literatur bekannt.

Im abgebildeten Kupferstich (Seite 41) beginnt das Werk mit der Aktivierung durch (geistiges) Feuer (calcinatio). Alle materiellen Erscheinungen beinhalten bekanntlich feste, flüssige, gasförmige und geistige Zustände, so dass dadurch das Verhältnis der grobstofflichen Elemente zugunsten der feinstofflichen Aspekte der Materie verändert wird. Es erfolgt damit eine Erhöhung (sublimatio) des Ausgangsmaterials. Seelisch erleben wir das als Erfahren höherer und feinerer seelischer Zusammenhänge. Als nächstes muss dieser Verflüchtigungsprozess wieder in eine dichtere Form gebracht werden, wofür jetzt nur noch das flüssige Element in Frage kommt (solutio). Wir finden uns in einem größeren Ganzen wieder. Auf der darauf folgenden Stufe muss die so zubereitete Substanz durch die Fäulung (putrefactio) geführt werden, um in Anlehnung an das faulende Samenkorn dessen eigentlichen Inhalt, nämlich den höheren und mehr geistigen Inhalt, hervortreten zu lassen. Dieser Vorgang wird an anderer Stelle auch als ein Ersterben oder Ertöten (mortificatio) angesehen. Damit sind vier basale Prozesse beschrieben. Danach folgen drei weitere Prozesse.

Jetzt muss das aus der ursprünglichen Ausgangssubstanz herausgearbeitete eigene Geistige an den großen kosmischen geistigen Zusammenhang angeschlossen werden. Dieser Vorgang wird hier ange-

deutet als destillatio, im Sinne einer zunehmenden Anreicherung und Konzentrierung des Göttlich-Geistigen aus dem Kosmos, welches dadurch immer „hochprozentiger“ wird. In der Seele wird die geistige Kraft vermehrt, um immer „geist-ähnlicher“ zu werden. Im nächsten Schritt nun erfolgt in der coagulatio durch erneute Formgebung die Bildung einer eigenständigen Geist-Seelen-Gestalt, welche auf der Stufe der Tinctura dann ein letztes Mal erhoben und verlebendigt wird.
Das ist also der Moment, in dem „der König und die Königin“ vereint werden können, das heißt die Gegensätze dieser Welt überstiegen werden: Das Männliche und Weibliche, das Stoffliche und das Geistige etc. erreichen einen Zustand „hermaphroditischer Ganzheit“. Und dieser ist wiederum die Voraussetzung, um sich endgültig mit dem gesamten Kosmos zu vereinen, gleich wie Gott das Eine in allem ist.

Wenn wir in unseren vorherigen Ausführungen eine andere Reihenfolge gewählt haben, so liegt es daran, dass wir mit Hilfe der alchemistischen Prozesse die manchmal sehr abstrakt klingenden Bezeichnungen – die eigentlich einen sehr konkreten, erlebbaren Vorgang beschreiben – für uns deutlicher spürbar und erfahrbar machen. Am Ende wird aber das eigentliche Ziel des alchemistischen Strebens ebenso beschrieben wie auch in dieser Ausführung.

Rezept 10

Der Geist muss in Harmonie mit dem Werk sein.

Der von Sonne und Mond, von Geist und Seele, erleuchtete Alchemist steht vor dem wirkenden Feuer, denn das Werk muss in Harmonie mit kontrolliertem Geistfeuer ausgeführt werden.
Die neue Merkurkraft steigt in das Beckenheiligtum herab und verschlingt in Gestalt des durchgeistigten „roten Löwen" die alte Schlangenfeuerkraft. Das Unbewusste wird erlöst. Der ewige Kreislauf wandelt sich in eine aufsteigende Spirale. Der Tod ist überwunden. Es entwickelt sich eine neue Erde, eine reine Materie, (der Lapis symbolisiert als Topf). Aus dieser neuen Kraft entspringen zwei Blumen, die symbolisch für das erneuerte Schlangenfeuer stehen.

Das Leben kommt in ein neues Gleichgewicht, symbolisiert durch die Waage. Wir haben nun die Schlüssel zum neuen Leben und die Weisheit aus einem neuen Wissen (Buch).
Hoch auf einem Regal stehen vier Gefäße, die eine Offenheit für höhere geistige Einflüsse und neue Gedankenformen symbolisieren.
Die Entwicklung des Geist-Seelen-Bewusstseins führt zu einer neuen Vision, die in der Bibel folgendermaßen beschrieben wird: „Und er führte mich hin im Geist auf einen großen und hohen Berg und zeigte mir die große Stadt, das heilige Jerusalem, herniederfahren aus dem Himmel von Gott ...
(Offenbarung 21/10)
Und er zeigte mir einen Strom lebendigen Wassers, klar wie Kristall, der ausgeht von dem Thron Gottes und des Lammes; mitten auf dem Platz und auf beiden Seiten des Stromes Bäume des Lebens, die tragen zwölfmal Früchte, jeden Monat bringen sie ihre Frucht, und die Blätter der Bäume dienen zur Heilung der Völker. Und es wird nichts Verfluchtes mehr sein. Und der Thron Gottes und des Lammes wird in der Stadt sein, und seine Knechte werden ihm dienen und sein Angesicht sehen, und sein Name wird an ihren Stirnen sein. Und es wird keine Nacht mehr sein, und sie bedürfen keiner Leuchte und nicht des Lichts der Sonne; denn Gott der Herr wird sie erleuchten, und sie werden regieren von Ewigkeit zu Ewigkeit.“ (Offenbarung 22/1)

Geist und Seele, König und Königin, sind in der Alchimischen Hochzeit auf ewig verbunden. Das alchemische Werk ist vollendet, der Geist-Seelen-Mensch hat seine Rückkehr zum Vaterhaus vollbracht.

Krankheit: Schuld oder Chance?

Wir kennen alle den Ausspruch von Jesus, dem Christus: „Wo zwei oder drei in meinem Namen zusammen sind, da bin ich mitten unter ihnen."
Bei jeder tiefen Begegnung zwischen Menschen, die sich selbstlos einer Sache hingeben, kann diese Kraft wahrgenommen werden. Wer aus Erfahrung dazu gedrängt wird, sein Leben zu verändern und seinen Weg in einer gnostischen Geistesschule gehen will, kann als Sucher oder als Schüler eines neuen Lebenssinns bezeichnet werden.
Der suchende Mensch spürt dann bald, dass er im Schnittpunkt zweier Kraftfelder lebt: Durch die Ausrichtung auf das Kraftfeld des Christus in einer gnostischen Geistesschule wird er mit der Christuskraft, mit Lichtkraft, geladen. Dadurch wächst in ihm ein Bewusstsein für seine Ichbezogenheit und seine egozentrischen Handlungen, die aus seiner natürlichen Veranlagung zum Überleben entstehen. Durch diese Handlungen verschließt er sich vor den Lichtkräften, weil diese sich nicht an sein Ich-Wesen, sondern nur an sein wahres Selbst, die Christuskraft in ihm, anschließen können. So wird er stets aufs Neue schmerzlich mit seiner Unvollkommenheit konfrontiert. Besteht dann nicht die Gefahr, durch diese falschen Reaktionen krank zu werden?

Wir möchten hier über das seelische System des Menschen sprechen, um unsere Reaktionen besser

einschätzen zu können und in unserer Selbsterkenntnis voranzuschreiten.
Zunächst soll der naturgeborene seelische Zustand beschrieben werden, damit wir anschließend die Veränderungen durch den spirituellen Weg deutlich davon abgrenzen können.

Zentral im irdischen Menschen wirkt der Astralkörper, das Begierdenwesen. Es hat seinen Sitz im Leber-Milz-System und wird auch als Natur-Ich oder Becken-Ich bezeichnet. Es übt einen beherrschenden Einfluss auf Herz und Haupt aus und bestimmt so weitgehend unser Bewusstsein und unser Denken, Fühlen und Wollen. Daher stimuliert es nicht nur unser Triebleben, sondern das ganze Spektrum unserer Lebensäußerungen, oft sogar bis zu den höchsten Kulturleistungen in Kunst und Wissenschaft. Angetrieben wird es von den astralen Kräften, die in unserem Atemfeld wirken. Diese Kräfte haben wir selbst aufgerufen, oder sie stammen noch von den Vorbewohnern in unserem Mikrokosmos.
Das Begierdenwesen verhält sich ichzentral, also egoistisch und egozentrisch.
Von der Natur aus betrachtet ist diese Haltung in gewisser Weise sinnvoll: Sie soll das Überleben des Menschen, seiner Sippe und seiner Art sicherstellen. Da wir den Lebensraum mit anderen Menschen teilen müssen, entstehen zwangsläufig Abgrenzungsprobleme: Was gehört mir und meiner Sippe, und was gehört anderen?
Jedes Lebewesen muss seinen Lebensraum gegen verschiedene andere Lebewesen verteidigen. Daraus hat sich ein abgrenzendes, manchmal aggressives Verhalten entwickelt.

Dem Säugling gestehen wir weitgehend ein Ausleben seines Begierdenwesens zu. Er darf schreien, wenn er Hunger hat, wenn ihm kalt ist oder wenn er den Wunsch nach menschlicher Wärme verspürt. Wenn wir älter werden, sehen wir uns damit konfrontiert, dass unsere Eltern und die anderen Mitmenschen unseren Bedürfnissen nicht immer nachkommen können oder wollen. Es werden bestimmte Verhaltensweisen von uns erwartet. Wir lernen also, unsere Bedürfnisse wie auch unsere Aggressionen zu zügeln. Wir üben uns in Selbstbeherrschung.
Wenn zum Beispiel eine Äußerung der Abneigung oder Unlust unserer wahren inneren Haltung entsprechen würde, geben wir uns stattdessen lieber sanft, liebenswürdig, kooperativ, korrekt, fleißig oder interessiert. Wir passen uns an, indem wir uns merken, was von uns verlangt oder erwartet wird und mit welchen Verhaltensmustern wir Erfolg haben.
Das Natur-Ich fühlt sich als erfolgreich, wenn es zu Ansehen und Anerkennung gelangen und Ablehnung, Verletzung oder Demütigung vermeiden kann. Es sitzt dabei zwischen zwei Stühlen: Einerseits wird es durch Impulse aus dem Begierdenwesen zu Handlungen angetrieben, andererseits muss es das Begierdenwesen in Selbstbeherrschung zügeln.

Die Begierden, die unser Natur-Ich in Selbstbeherrschung von der Bühne der Handlungen zu verdrängen sucht, sind aber damit nicht verschwunden, sondern durchaus weiter wirksam. Oft sind sie so heftig, dass sie immer wieder in Erscheinung treten. Das werten wir dann als Fehlverhalten, ergehen uns in Selbstbeschuldigungen und versuchen, die Zwangsjacke der Selbstbeherrschung noch enger zu ziehen.

Die Energie unausgelebter, verdrängter Begierden kann sich auch in anderen Formen offenbaren wie Arbeits-Sucht, Klatsch-Sucht, Kauf-Sucht, Ess-Sucht oder Herrschsucht.
Unterdrückt ein Mensch seine Gefühle und Bedürfnisse sehr nachhaltig, so können sich seelische Spannungen aufbauen, die zu körperlichen oder seelischen Störungen führen.
Hier können Gespräche oder eine Psychotherapie weiterhelfen, diese oft unbewussten Verhaltensmuster unseres Ich aufzuspüren und Veränderungen einzuleiten.

In die Begierden-Abwehr beziehen wir unsere Mitmenschen mit ein, denn wir können nicht ertragen, dass andere ausleben, was wir uns verbieten. So sind beispielsweise für den zwanghaft korrekten Menschen alle diejenigen schwer zu tolerieren, die auch einmal Fünfe gerade sein lassen können und ihrer spontanen Lebensfreude freien Lauf lassen.
Oder hinter mancher moralisierenden Ermahnung oder Kritik verbirgt sich ein Mensch, der sich selbst verbietet, das auszuleben, was er bei den anderen tadelt. Gäbe es diese Zügelung der Begierden allerdings nicht, würden die Menschen in entfesselter Aggression übereinander herfallen.
So ist Selbstbeherrschung einerseits notwendig für unser soziales Miteinander, andererseits wird sie uns zum Gefängnis.
Wir stehen immer vor der Aufgabe, ein harmonisches Gleichgewicht zwischen den eigenen Bedürfnissen und der Notwendigkeit der Selbstbeherrschung zu finden.
Die hier gegebene Beschreibung des seelischen Systems trifft für jeden Menschen zu.

Die Geistesschule weist uns einen Weg, der aus der gefallenen Natur heraus in das ursprüngliche göttliche Reich führt und beschrieben wird mit:
Einsicht, Heilbegehren, Selbstübergabe, neue Lebenshaltung und Eintritt in das neue Lebensfeld.
Wir alle wissen, dass dieser Pfad zwar begonnen werden muss, indem das Natur-Ich ihn als Wahrheit erkennt und sich dafür entscheidet, dass er aber nicht aus der Kraft dieses alten Ich verwirklicht werden kann. Uns ist vollkommen klar, dass die neue Lebenshaltung nur in der Christuskraft gelingen kann, die den Schülern vom Kraftfeld der Geistesschule zur Verfügung gestellt wird.
Aber wie reagiert nun unser Ich mit seinem Naturbewusstsein auf die Lehre des Rosenkreuzes? Wir spüren, dass eine Reaktion der Persönlichkeit und ein neues Verhalten notwendig sind. Daher greift unsere Egozentrik ohne unser bewusstes Zutun auf altbekannte Strategien zurück, nämlich auf Selbstbeherrschung und Verdrängung. Unsere Einsicht, die aus dem lebendigen Geistfunken im Herzen gespeist wird, weiß es zwar besser, aber sie ist noch nicht zum dauerhaften Blutsbesitz geworden.

Wir fragen nach den Regeln: „Was soll ich tun, was soll ich lassen?“ So wie wir bisher im Leben immer versucht haben, uns die Regeln zu merken, nach denen wir uns verhalten sollen, legen wir uns nun ein inneres Verzeichnis der Schülerregeln an. Kein suchender Mensch ist davor bewahrt, dass die unbewusst arbeitenden Anteile seines natürlichen Ich die vielen Möglichkeiten der Persönlichkeitskultur ergreifen, um den Forderungen des spirituellen Pfades gerecht zu werden. Auch als Mitarbeiter innerhalb einer Geistesschule müssen wir damit rechnen, dass wir uns ein Bild davon machen, wie ein „guter“ Mitarbeiter zu sein hat, und danach unsere Persönlichkeit dirigieren. Das Ich glaubt dann auch, mit einigen seiner Verhaltensmuster bereits völlig den Forderungen des Pfades zu entsprechen. Aber selbst unsere scheinbar guten Eigenschaften sind meist nur Werkzeuge der Selbstbehauptung.

Wir erleben immer wieder, wie Impulse in uns hervorbrechen, die den Forderungen des spirituellen Weges entgegenstehen. Dadurch bildet sich im suchenden Menschen ein Spannungsfeld zwischen seinen inneren Zielen und der Wirklichkeit seines Wesens. Wir erleben uns als Versager. Es entstehen Schuldgefühle oder die Angst, das Ziel des Pfades nicht zu erreichen.

Solche Spannungen will unser Ich-Wesen ganz automatisch vermeiden. Zunächst versuchen wir, durch noch mehr Selbstbeherrschung den Forderungen nachzukommen. Wenn uns das nicht mehr gelingt, gehen wir zu Opposition und Kritik über und werten unsere Mitmenschen ab. Schließlich können solche Spannungen zu Frustration, Resignation und Depression führen.

Wir möchten zum besseren Verständnis einige Beispiele geben: Wenn jemand eher schüchtern veranlagt ist und Eltern hatte, die sehr streng und autoritär waren, so hat dieser Mensch nicht lernen können, sich für seinen Standpunkt einzusetzen, also sich zu streiten. Er hat im Leben deswegen häufig den Kürzeren gezogen. Wird er dann zum Beispiel Schüler oder Schülerin einer Geistesschule, so hört er von der Forderung der Streitlosigkeit. Er glaubt ihr bereits völlig zu entsprechen und behält sein Verhaltensmuster bei. In Wirklichkeit hat er aber nur einen Teil seiner Selbstbehauptungs-Mechanismen unterdrückt. Wenn er als Schüler nun diese Unterdrückung noch verstärkt, kann er unter seelische Spannungen geraten. Geht es gut, erkennt er eines Tages, dass seine Streitlosigkeit nicht aus neuer Lebenshaltung, sondern aus einer Anpassung an die Lebensumstände entstanden ist.

Oder ein Kind musste im Haushalt der Eltern schon früh mithelfen und die kleineren Geschwister versorgen. Es musste Dienstbarkeit und Verantwortung für andere leben.
Als Erwachsener füllt dieser Mensch dann oft auch eine dienstbare Rolle aus, er schlüpft unbewusst immer in sie hinein. Dabei besteht die Gefahr, dass er sich überfordert und selber zu kurz kommt. Tritt er dann in eine Geistesschule ein, hört er von der Dienstbarkeit dem Werk und der Menschheit gegenüber. Ganz unbewusst wird er zunächst sein erworbenes Verhaltensmuster auch in der spirituellen Gemeinschaft einsetzen, wird aufopferungsvoll versuchen, alle Aufgaben, die an ihn herangetragen werden, auszuführen - vielleicht bis zur Erschöpfung.
Wichtig ist hier zu erkennen, dass der Motor dieses übertriebenen Einsatzes aus dem Ich-Bewusstsein kam und nicht aus dem Geistfunken, dem innewohnenden Selbst.

Oder stellen wir uns ein Kind vor, dass sehr empfindsam ist und von seinen Eltern mit Strenge zu übermäßiger Ordnung und Korrektheit erzogen wurde. Es lebt ständig in der Angst vor Fehlern. Das dadurch antrainierte Verhaltensmuster behält es als Erwachsener bei. Die Angst vor Fehlern hat sich verselbständigt. Geht dieser Mensch nun einen spirituellen Weg, sieht er sich mit vielen Regeln, teils geschriebenen, teils ungeschriebenen, konfrontiert. Er möchte keine Fehler machen und wird sich peinlich genau an jede Regel halten, die er wahrnimmt. Sein Unbewusstes drängt ihn zu einem solchen Verhalten, das jedoch der neuen Seele keinen Raum für eine freie Entfaltung gibt.

Oder ein anderes Beispiel: Viele ziehen ihre Selbstbestätigung aus dem Erfolg in ihrer Arbeit. Sie werden daher arbeitssüchtig, also süchtig nach den Erfolgserlebnissen im Beruf. Übertragen sie nun ein solches Verhalten auf den Seelenprozess und die Mitarbeit in einer christozentrischen Gemeinschaft, so wirken sie nach außen dynamisch und tatkräftig. In Wirklichkeit laufen sie aber einem selbstsüchtigen Motiv hinterher und sind nicht nur dienstbar in Ausrichtung auf das Geist-Seelen-Feld, sondern handeln aufgrund eines durch die früheren Umstände innewohnenden Reflexes.

Ein letztes Beispiel: Menschen, die ein geringes Selbstbewusstsein haben, gewöhnen sich häufig ein bescheidenes, demütiges und zurückhaltendes Auftreten an. Wenn sie nun hören: „Es gibt kein Annehmen der Person vor Gott“, so könnten sie das unbewusst als Bestätigung dafür auffassen, dass sie ihrer Person nie eine große Wichtigkeit beigemessen haben. Oder sie fühlen sich so minderwertig, dass sie glauben, gar nicht würdig zu sein, die erlösenden Kräfte der Gnosis zu empfangen. Hier ist es nützlich, die Ängste aufzuspüren, die im Unbewussten aktiv sind.

Mit diesen Beispielen wollten wir deutlich machen, wie sich die Ebene des spirituellen Prozesses einerseits und die Ebene unseres natürlichen Bewusstseins und unserer vom Ich-Wesen entwickelten Verhaltensmuster andererseits vermischen können. Wir alle sind davon betroffen und können so unter Spannungen geraten. Was aber soll ein suchender Mensch, ein Schüler, nun tun? Was können wir tun? Es wird doch von Selbstfreimaurerei, von der befreienden Tat gesprochen. Das kann doch nicht bedeuten, dass wir nichts unternehmen und nur darauf hoffen, dass die Gnosis das Werk in uns schon verrichten wird.
Was also ist die neue Lebenshaltung? Wie können wir die Forderungen des Pfades in die Tat umsetzen? Auf diese Fragen möchten wir im Folgenden gerne eingehen und Lösungsansätze erarbeiten.

Wir leben als spirituelle Menschen in einem Übergangsstadium: Die Seele hat teilweise schon eine neue Qualität bekommen, so dass sie für die Einstrahlungen des Geistes offen ist. Dadurch werden gnostische Lichtkräfte in uns wirksam, die unser Atemfeld beschützen. Haupt und Herz sind nicht mehr nur von den Naturkräften beherrscht, denn ein neues Bewusstsein entsteht, ein neues Ich, das Geist-Seelen-Bewusstsein, durch das wir erst wirklich Menschen im Sinne von Manas, dem Denker, werden. Dann erst kann der Christus in uns und durch uns wirken.
Solange ein anderer Teil der Seele in uns jedoch noch wesenseins mit der Dialektik ist, schwanken wir zwischen diesen beiden Ausrichtungen hin und her. Das Pendeln zwischen den zwei Kraftfeldern stellt keinen Makel dar, auch wenn unser altes Ich das aus

seiner Sicht so erlebt, sondern es ist notwendig. Denn so wird das Heilbegehren lebendig erhalten und die Selbsterkenntnis möglich.
Dieses Spannungsfeld und die damit einhergehende Beunruhigung sind Kennzeichen eines aktiven Seelenprozesses. Schwierigkeiten entstehen erst, wenn versucht wird, dieses Spannungsfeld durch Selbstbeherrschung abzubauen. Dann vergleicht man die Eigenschaften seiner Persönlichkeit mit denen des neuen Menschen. Dieser Vergleich kann immer nur enttäuschend ausfallen und zu Frustration oder Schuldgefühlen führen.
Als Reaktion wird dann die Zwangsjacke der Selbstzügelung noch enger gezogen. Wer auf diese Weise sein Leben lebt, kann krank werden, so dass seelische Probleme oder körperliche Schwierigkeiten entstehen.
Und doch sollten wir nicht urteilen, wenn ein Mensch, der den Pfad geht, erkrankt. Schon als beginnende Schüler haben wir gehört, dass jedes Urteil nur „nach dem Äußeren der Dinge und nicht nach ihrer inneren, wesentlichen Art“ sieht. Denn eine Krankheit kann auch andere Ursachen haben wie zum Beispiel Gen-Defekte oder Umwelteinflüsse. Vor allem aber wissen wir nicht, welche karmischen Kräfte im Mikrokosmos des Kranken wirksam sind. Bestimmte, für diesen Mikrokosmos wichtige Erfahrungen können vielleicht nur durch das Durchleben einer Krankheit gemacht werden.
Eine Krankheit ist kein Zeichen schlechter Seelenentwicklung, weder eine körperliche noch eine psychische Krankheit. Jeder Kranke hat die gleiche wohlwollende Anteilnahme verdient. Außerdem ist ein gesunder Schüler nicht zwangsläufig der „bessere“ Schüler.

Wenn er oder sie erkennt, dass die inneren Spannungen oder Probleme etwas mit einem noch unvollkommenen Verständnis des Schülertums zu tun haben, so ist das kein Anlass zu Selbstvorwürfen. Sie binden uns nur noch mehr an die Dialektik. Wir alle werden zu Krisis-Punkten geführt, um bestimmte Erkenntnisse zu gewinnen.

Jan van Rijckenborgh schreibt zu diesem Thema in dem Buch: *Die Alchimische Hochzeit des Christian Rosenkreuz* in den Erklärungen zum vierten Tag:
„Sie kennen vielleicht aus eigener Erfahrung diese Perioden, in denen Sie sich nach einem Fehltritt allerlei Strafen auferlegen. Sie lassen dann der Seele keine Ruhe. Sie bieten ihr keine Möglichkeit, zu sich selbst zu kommen. Der Haushofmeister und der Hofprediger in Ihnen lassen Sie nicht in Ruhe. Sie peinigen Sie fortwährend.
Sie bombardieren Sie mit Selbstbeschuldigungen, die nicht den geringsten Sinn haben.
Denn sehen Sie doch deutlich das Verhältnis zwischen der Naturgestalt mit ihrem Gut und Böse und der neuen Beseelung, die in ein solches System eingeführt wird.
Quälen Sie Ihre Seele nicht!
Lassen Sie sie frei!
Lassen Sie Ihre Seele sich auf die Hochzeit vorbereiten!“

Wir müssen aufhören, aus uns selbst heraus das Seelenwachstum verwirklichen zu wollen. Das Natur-Ich und der alte Wille sollen die Pfade recht machen, das heißt, die äußeren Möglichkeiten schaffen, den Pfad zu gehen, also zum Beispiel den Besuch von spirituellen Zusammenkünften, Tempeldiensten

und Konferenzen zu ermöglichen oder Zeiten für die Besinnung einzurichten. Das ist eine wichtige Aufgabe, ohne die der Pfad nicht gelingen kann. Aber das alte Ich kann das neue Leben nicht ergreifen.
Machen wir uns immer wieder bewusst, dass unser naturgeborenes Persönlichkeitssystem aufgrund der unbewusst ablaufenden Verhaltensmuster versucht, sich wie ein Schüler zu betragen. Mit diesem Problem werden wir auch noch nach vielen Jahren der spirituellen Arbeit konfrontiert. In diesem Sinne bleibt die Aufgabe weiterhin gültig, vor die wir schon zu Beginn des Weges gestellt wurden: „Ich will mich tief erforschen, um innerlich sicher zu sein, dass alles in mir, was ich für Licht halte, nicht in Wirklichkeit Finsternis ist."

Aber was sollen wir nun tun?

Es wird den Schülern geraten, nicht mehr selbstsüchtig zu beurteilen, sondern möglichst objektiv – nicht abwertend oder kritisierend –, und zu tun, was nach bestem Wissen und Gewissen getan werden muss, ohne auf Belohnung zu rechnen. Unsere Aufmerksamkeit richtet sich auf die Entwicklung der neuen Seele, der Geist-Seele. Diese Neutralisation wird auch als Loslassen der Dialektik, als Lebenshaltung ohne Zuneigung und Abneigung bezeichnet, die aber nicht zu verwechseln ist mit Lieblosigkeit!

Dadurch erreichen uns die astralen Beeinflussungen nicht mehr, die uns stets zu Handlungen in Selbstbehauptung verleiten wollen. Nur so entsteht die Ruhe, die es dem Christuslicht ermöglicht, in unserem Atemfeld Wohnung zu nehmen.

Für unser natürliches Bewusstsein ist eine neutrale Haltung unverständlich, denn es kennt nur die Polarität: Sympathie und Antipathie. Deshalb kann das alte Ich Neutralität nur imitieren, nämlich durch Selbstbeherrschung.
Der Schüler erfährt die Gnade, dass ihm durch die Christuskraft Möglichkeiten geschenkt werden, mit denen er die Kräfte, die ihn von der Gnosis trennen, nicht nur bewusst wahrnehmen, sondern auch neutralisieren kann. Wer sich immer wieder in Heilbegehren für die gnostische Lichtkraft öffnet, kann – in dieser Kraft stehend – die Neutralisation seines Begierdenwesens geschehen lassen. Das ist die neue Lebenshaltung, die als Selbstübergabe des Ich oder als Wu-Wei, Nicht-Tun, bezeichnet wird. Das sich dadurch verändernde Persönlichkeitssystem kann dann für das Licht dienstbar werden.

Paulus drückte es so aus: „Ich vermag alles durch den, der mich mächtig macht: Christus."
(1. Philipper 4/13)
Die Christuskraft ist für den Schüler erfahrbar. Sie ermöglicht es, dass sein Glaube durch inneres Wissen ersetzt wird. Er erhält Anleitungen zum Handeln, ohne dass äußere Regeln oder Gesetze notwendig sind. Wahre Selbstbeherrschung bedeutet, der Stimme der Seele zu folgen, also vom wahren Selbst, dem Christus in uns, geleitet zu werden.
So heißt es unter anderem in einem unserer rituellen Verse:
„Gib Acht auf deine Gefühle, dein Denken und deine Willenswirksamkeiten. Prüfe, ob sie mit den Forderungen des Pfades übereinstimmen. Unabhängig vom Ergebnis erzwinge keine Gegenhand-

lungen mit Gedanken, Gefühlen oder mit dem Willen, sondern steige in die Quellen des Unbewussten, sieh dich selbst wie auf einer Waage mit deinen positiven und negativen Eigenschaften und übergib alles dem Vaterunser: ‚Herr, Dein Wille geschehe!' So kommt die Herz-Haupt-Einheit zustande."

Durch das Tor der Krankheit gehen

Krankheit bringt immer das normale Leben, die tägliche Routine, durcheinander. Jetzt gibt es zwei Möglichkeiten: Man geht zum Arzt in der Hoffnung, so schnell wie möglich und mit wenig Aufwand wieder hergestellt zu werden oder um - wenn es schlimmer ist - auch innezuhalten und die Ursachen und die damit zusammenhängenden Lebensweisen zu überprüfen. Jeder Mensch möchte gern gesund sein. Dieses Verlangen und die Unvorhersehbarkeit von Krankheit führen oft dazu, sie als unheilvoll, bedrohlich oder gegnerisch zu erleben. Krankheit, allein als Gegenpol von Gesundheit definiert, stellt uns jedoch in die Enge unserer menschlichen Dualität.

Oft ist bei dem Gedanken, so schnell wie möglich wieder gesund sein zu wollen, ein bestimmtes Selbstbild im Spiel, das wir jeden Tag von Neuem anstreben: Vielleicht hat man sich über Jahre optimal ernährt und sportlich betätigt, um aktiv am Leben teilnehmen zu können. Eine derartige Lebenshaltung kann aber auch aus der tiefen Angst entstehen, das Selbstverständnis eines vitalen Menschen zu verlieren, der den täglichen Anforderungen gewachsen ist. Oder Krankheit kann einen Menschen dazu bringen, sich als Opfer zu fühlen, möglicherweise in der Hoffnung, das Mitleid der Mitmenschen zu erregen und so seinen Verantwortlichkeiten zu entfliehen.

Was auch immer die innere Haltung ausmacht, Krankheit kann in jedem Fall so schwerwiegend werden, dass man gezwungen ist, sein Leben neu zu überdenken und es eventuell zu verändern. Schon der griechische Arzt Hippokrates, der als Begründer der medizinischen Wissenschaft gilt, sagte dazu: „Wenn du nicht bereit bist, dein Leben zu verändern, kann dir nicht geholfen werden."
Was aber ist Krankheit? Wozu lädt sie uns ein?
Sie fordert, je nach Schwere, vom Menschen, jegliches Selbstverständnis zu überprüfen, alle erworbenen Gewohnheiten, Eigenarten und Fähigkeiten zu hinterfragen und diese zur Welt und sich selbst in Bezug zu setzen. Wenn sich eine Krankheit einstellt, sucht etwas in der menschlichen Persönlichkeit unmittelbar nach Unterstützung, Linderung und Heilung. Diese Hilfe sucht man zu Recht dort, wo sie in fachlicher Kompetenz und Erfahrung weitergegeben wird.
Der kranke Mensch versucht zunächst, zu seinem alten, vertrauten Verständnis von Leben zurückzukehren und dies so schnell wie möglich. Eine schwere Krankheit zwingt ihn aber vielleicht, vieles aufzugeben und hinter sich zu lassen, was bis dato als lebenswert empfunden wurde: die Position in der beruflichen Arbeit, die Freude am Reisen, die Kontrolle über Denken und Handeln, kurz: vieles, was man so schön „im Griff" zu haben glaubte. Manchmal wird plötzlich der Körper so schwach, dass alle Vorstellungen von einem erfüllten Leben zerbrechen. Dann wird der Mensch mit Sterbeprozessen der eigenen Fähigkeiten und Selbstverständlichkeiten konfrontiert, in deren Folge aber neue Möglichkeiten erwachen können. Diese so neu gewonnene Sicht betrachtet den Krankheitsprozess aus

einer anderen Perspektive und richtet sich nicht mehr unbedingt auf Heilung im äußeren Sinn. Dies meint nicht ein passives Märtyrertum, ein stilles Erleiden, sondern eher eine Qualität der Versöhnung mit sich selbst – jenseits von Schuld, die das vorhandene Ohnmachtsgefühl nur noch verstärken würde. Gerade in diesem inneren Versöhnungsprozess können sich heilende Seelenkräfte offenbaren.
Die Identifikation mit der Krankheit weicht der Erkenntnis, wie Leben mit einem neuen Bewusstsein erfüllt werden kann. Unzählige Illusionen und krank machende Konditionierungen werden erkannt und führen zu einer geradezu heil machenden, heilenden Selbsterkenntnis. In dieser so besonderen Eigenschau wird es stiller im Menschen. Gewinnt diese Selbsterkenntnis an Tiefe, wird das Bewusstsein, sterblich zu sein, möglicherweise zum selbstverständlichen Begleiter des Lebens. Eigentlich ist uns der Tod ohnehin ständig sehr nahe, wir haben nur persönliche Verdrängungsmechanismen entwickelt, als sei noch viel Zeit zum Leben vorhanden. Das ist eine Scheinrealität, die dann in solchen Momenten von der Seele durchschaut werden kann.

Hermann Hesse beschrieb diesen Prozess einmal so: „Das Unannehmbare anzunehmen, ist die größte Quelle der Gnade in dieser Welt.“
Diese Worte tragen eine befreiende Kraft in ihrem Kern. Der Mensch darf sich gestatten, in innerer Menschenwürde krank zu sein. Alle selbstgemachten und gesellschaftlich produzierten Gesetze werden nicht mehr so wichtig genommen. Es entsteht ein gewisser Abstand zu Problemen und gleichzeitig eine ungekannte Nähe zum Ewigen, ein inneres Beobachten, ein: „Sei still und schaue zu“.

Die Persönlichkeit, als Ausdrucksform der Seele in diesem Selbsterkenntnisprozess, darf jetzt mit Erstaunen feststellen, dass sich nicht nur die Lebenshaltung ändert, sondern auch die Lebensanschauung. Krankheit muss nicht mehr aus der Sicht eines „Opfer-Seins“ erlebt werden, sondern kann sich zum Lichtträger von Seelenkräften entwickeln, die in Phasen der Gesundheit nicht bewusst waren.

Ein Mensch, der sich in innerer Achtsamkeit seiner Krankheit stellt, kann eine große Würde ausstrahlen. Diese Würde entwickelt er, wenn sein Ziel nicht mehr nur die Überwindung seiner Krankheit ist, sondern die aktive Hingabe an einen Seelenprozess, der das eigentlich Menschliche in ihm auf eine höhere Ebene hebt.

Grete Kirchner-Buchholz, eine langjährige Begleiterin Rudolf Steiners, formulierte es einmal so: „Die Erkenntnis des Menschen berücksichtigt nicht nur die hüllenhaften Wesensglieder, die erkranken können, sondern auch das, was der ewige Anteil des Menschen an einer Krankheit erleben will und muss!“ So verstanden ist die Krankheit ein Heilungsbestreben des Bewusstseins.

Unabhängig von dem eben beschriebenen Seelenprozess ist es legitim und sinnvoll, sich mit einer geeigneten Therapiemethode und einer gesunden Lebensweise auseinanderzusetzen, wenn wir mit einer Krankheit konfrontiert werden. Andererseits führt die übertriebene Sorge um Gesundheit, Ernährung und so weiter leicht zu einem Missverhältnis zwischen Mensch und Körper, weil man sich ununterbrochen mit den Aspekten von „gesund machend“ und/oder „krank machend“ beschäftigt und in Spannung hält. Was wir brauchen, ist der Mut zur Hingabe an den sich entwickelnden Seelenprozess. So kann Leiden mit Bewusstwerdung durchdrungen werden. Das daraus entstehende seelische Gleichgewicht verleiht die Möglichkeit, nichts zu verachten, zu glorifizieren oder zu dramatisieren. In diesem Fall ist Leiden ein Anstoß zum Erkennen. Bewusstes Leiden auf der Grundlage des „ewigen Anteils" im Menschen ist befreiend, es weist über die eigenen Grenzen hinaus.

„Jede Krankheit ist so denn ein Fegefeuer", sagt Paracelsus - und so gesehen kann mit ihr neues Seelenpotential im Menschen aufsteigen. Durch diesen Prozess der Bildung einer neuen Lebensanschauung mit neuer Seelenkraft kann sich Schmerz in Freude verwandeln, ein Todesgefühl in Lebendigkeit und Verbitterung in Hingabe. Dieser Prozess ist um so anspruchsvoller, je tiefer die Krankheit im Körper verwurzelt ist und eventuell auch todbringend sein kann. Gerade solchen Menschen zu begegnen oder gar sie zu begleiten, fällt einem Gesunden nicht immer leicht. Haben wir den Mut, Menschen mit großem Respekt zu begegnen, die ihr Schicksal bis zum Ende tragen und der Krankheit, in stiller Treue und aus dem „ewigen Anteil" lebend, ihr altes Wesen schenken, um geläutert und verwandelt durch das Tor des Todes zu gehen. Wer bis zu diesem Punkt seiner Entwicklung durchdringt, vermag dem Tod gelassen in die Augen zu schauen. Er hat die Angst überwunden.

Das ist ein Leidensprozess, der nichts Trauriges mehr an sich hat. Denn auf diesem Wege lernt der Mensch seinen „ewigen Anteil" immer besser kennen, und die Aussage Jesu Christi im 1. Korinther 6, Vers 19 wird sehr klar: „Wisset ihr nicht, dass euer Leib ein Tempel Gottes ist, den ihr habt von Gott und ihr euch nicht selbst gehört?"

So betrachtet kann jeder Mensch sofort heil werden. Denn es wird ihm möglich, sich vom kranken Erdenbewusstsein zu lösen. Auch die Geschichte aus der Bibel von der Heilung eines Kranken am Teich von Bethesda muss nicht mehr erklärt werden. Dort heißt es:
„Danach war ein Fest der Juden, und Jesus zog hinauf gen Jerusalem. Es ist aber zu Jerusalem bei dem Schaftor ein Teich, der heißt auf Hebräisch Bethesda und hat fünf Hallen, in welchen lagen viele Kranke, Blinde, Lahme, Verdorrte, die warteten, wann sich das Wasser bewegte. Denn es ging die Sage, dass ein Engel herabführe und das Wasser bewege. Welcher nun zuerst, nachdem das Wasser bewegt war, hineinstieg, der ward gesund, mit welcher Seuche er auch behaftet war. Es war aber ein Mensch daselbst, achtunddreißig Jahre lang krank gelegen. Da Jesus ihn sah liegen und vernahm, dass er so lange gelegen hatte, spricht er zu ihm: ‚Willst du gesund werden?' Der Kranke antwortete ihm: ‚Herr, ich habe keinen Menschen, wenn das Wasser sich bewegt, der mich in den Teich lasse; und wenn ich komme, so steigt ein anderer vor mir hinein.' Und Jesus spricht zu ihm: ‚Stehe auf, nimm dein Bett und gehe hin!' Und alsbald ward der Mensch gesund, nahm sein Bett und ging hin. Später traf Jesus den Mann im Tempel wieder und sagte zu ihm: ‚Siehe, du bist nun gesund geworden; sündige fortan nicht mehr, damit dir nicht noch Schlimmeres widerfährt!'" (Johannes 5/1-9,14)
Jeder Mensch, dessen Glaube auf seinem „ewigen Anteil" fußt, kann den heil machenden Einfluss des „Geistes-Bad von Bethesda" erfahren. Das innere Wesen im Menschen ist aus Gott und ist eins mit Ihm. So wird auch ein weiterer Satz verständlich:

„Gott lässt nicht die Werke seiner Hände“, und man darf in diesem Kontext die sogenannte Krankheit als einen „Zufall“ des ausgleichenden Schicksals erkennen, als einen Erkenntnisprozess für den betreffenden Menschen.
„Der Zufall ist das Spielzeug der Weisen.“ „Die Narren sind das Spielzeug des Zufalls.“ So sagt Mikhail Naimy in seinem *Buch des Mirdad*. Jedem Menschen ist die Möglichkeit geschenkt, seinen „ewigen Anteil“, den Mikrokosmos mit seinem Seelenkern, von der größten Krankheit, die „Ichzentralität“ genannt werden kann, zu befreien. Ob körperlich oder seelisch krank - der geläuterte Mensch vermag zu jeder Zeit sein Opfer im tiefsten Innern zu vollziehen und der Geburt des Jesus-Bewusstseins ein hilfreicher Diener zu sein.
Die so geläuterte Seele erkennt: Oh, hohe Weisheit, tiefes Mysterium des menschlichen Lebens, höchste Form der Alchemie. Das Blei der Natur, das Unreine, wird eingeschmolzen und verwandelt im alchemischen Laboratorium des Mikrokosmos zum Gold der Vollkommenheit. Der Phönix, der Feuervogel, erhebt sich unsterblich aus der eigenen Asche durch das innerste Arcanum, das Geistfeuer. Der Mikrokosmos verbindet sich mit dem, was ihm gleich ist. Ähnliches wird durch Ähnliches geheilt. Das Gold des Geistes tingiert in seiner Retorte das Feuer der Seele.
Ein so transformierter Mikrokosmos ist Träger einer vollkommen geläuterten Seele. Sie ist der Phönix, der eine neue Welt voller Wunder betritt. Diese Seele erkennt, was die Rosenkreuzer in einem ihrer Lieder singen:

Das Haus zur Heiligung ist da!
Das Wunder aus dem Siebengeist!
Es lebt ein neu-magnetisch Feld!
O kommt zum Fest, das Leben heißt,
O kommt zum Fest, das Leben heißt.

Was bedeutet der Tod?

„Warum leben? Warum sterben?“ So lauten elementare Fragen des Menschseins. Durch die Auseinandersetzung mit der Sichtweise der Rosenkreuzer kann man Antworten auf diese Fragen erhalten. Und der Tod kann dann eine andere Bedeutung gewinnen.

In der heutigen Gesellschaft ist das Thema „Sterben“ ein Tabuthema geworden. Es wird verdrängt, da es nicht in eine Zeit passt, die nur Jugend, Vitalität und Erfolg gelten lässt. Während der Tod früher als natürlicher Begleiter des Lebens angesehen wurde, versucht die medizinische Wissenschaft heute, ihn mit allen Mitteln zu bekämpfen. Dem Tod wird dadurch seine Würde genommen. Auch gibt es kaum mehr eine Möglichkeit des Abschieds zwischen dem Sterbenden und den Lebenden. Zwar wissen wir, dass unser Leben in dieser Welt eines Tages ein gesetzmäßiges Ende haben wird, aber aus unserem unbewussten Inneren heraus tun wir so, als würden auf den heutigen Tag noch endlos viele Tage folgen. So bleibt die Beschäftigung mit dem Sterben mehr ein abstraktes Thema. Erst wenn der Tod vor der eigenen Tür steht, wenn er sich unserem Krankenlager nähert, werden wir unentrinnbar vor die Tatsache gestellt, dass unser Leben ein Ende haben wird. Diese Situation müssen der Sterbende und auch seine Angehörigen bewältigen.

Was bedeutet dieser Moment für den Menschen?

Es tritt Angst auf, die existenzielle Angst der irdischen Persönlichkeit zu vergehen. Aus ihrer Sicht ist es das absolute Ende. Ein Ich möchte nicht sterben! Hinzu kommt ein seelischer Schmerz: Mit dem Tod müssen wir all unsere unerfüllten Wünsche und Sehnsüchte hinter uns lassen. Vielleicht wollten wir noch etwas erreichen, uns oder anderen etwas beweisen. Nun aber müssen wir uns daran gewöhnen, dass wir nur noch ganz wenige Ziele verwirklichen und an unserem Leben kaum noch etwas verändern können.
Wir haben Angst, der eigentlichen Bestimmung unseres Lebens nicht gerecht geworden zu sein. Manchen Menschen haben wir vielleicht Unrecht getan, aber aussöhnen können wir uns nur noch mit wenigen. Nichts kann mehr beschönigt oder vertuscht werden. Leidvoll ist auch die Trennung von unseren Angehörigen und Freunden. Wir müssen akzeptieren, dass sie ein Leben ohne uns weiterführen werden.
Wie läuft die Auseinandersetzung mit dem Tod in der Regel ab?
Die Ärztin und Sterbeforscherin Elisabeth Kübler-Ross hat Interviews mit Sterbenden durchgeführt und dabei fünf Phasen des Sterbeprozesses herausarbeiten können:

1. die Phase des Leugnens,
2. die Phase der Auflehnung,
3. die Phase des Verhandelns,
4. die Phase der Resignation,
5. die Phase der letzten Zustimmung und Aussöhnung.

Die naturgeborene Persönlichkeit kann sich der existenziellen Bedrohung, die der Tod darstellt, nur schrittweise nähern. Wir wollen die Phasen des Sterbeprozesses im Folgenden beschreiben.

1. Zunächst stellt sich eine Phase des Leugnens ein: „Alles ist nur ein böser Traum." Diese Haltung, den drohenden Tod nicht wahr haben zu wollen, ist ein unbewusst einsetzender Schutzmechanismus, der sich wie ein Puffer zwischen das Bewusstsein einerseits und die lähmenden Gefühle der Angst und des Entsetzens andererseits schiebt. Nur so kann sich der Betroffene wieder fangen und sein Leben fortsetzen. Der Kranke wird vielleicht daran glauben, dass eine Fehldiagnose vorliegt und es noch Möglichkeiten der Heilung gibt. Er sucht sein Heil in verschiedenen, manchmal auch zweifelhaften Behandlungsmethoden.

2. Wenn die Unabweisbarkeit der tödlichen Krankheit stärker ins Bewusstsein tritt, kommt es zu einer Phase der Auflehnung. „Warum gerade ich? Ich habe so viele brenzlige Situationen in meinem Leben überstanden und nun soll dieser Krebs mich besiegen?" Oder: „Ich habe doch immer versucht, ein guter Mensch zu sein. Warum wendet sich das Schicksal jetzt gegen mich?"
In dieser zweiten Phase haben es die Angehörigen und Betreuer des Sterbenden nicht leicht: Sein ohnmächtiger Zorn trifft sie ganz besonders. Sie ziehen sich dann vielleicht zurück, was den Sterbenden noch mehr verbittert. Aber dieser Zorn darf nicht als persönlicher Angriff verstanden werden, sondern ist Ausdruck der inneren Verzweiflung. Wir helfen dem Sterbenden, wenn wir seinen Zorn mitfühlend er-

tragen und ihm zugestehen, dass er diese Phase durchleben muss.

3. Denn erst wenn der Groll und die Verzweiflung endlich ausgesprochen sind, kann der Sterbende dem Tod bewusster gegenübertreten. Er hat nun die Unausweichlichkeit des Todes akzeptiert, aber noch nicht den Zeitpunkt. Es beginnt die Phase des Verhandelns. Er möchte die letzte Spanne seines Lebens nutzen. Vielleicht hat er den Wunsch, noch etwas Bestimmtes zu erleben oder zu vollenden. Oder er versucht durch Wohlverhalten, dem Schicksal noch etwas Zeit abzuringen. „Wenn mir nur ein halbes Jahr geschenkt würde, könnte ich dieses oder jenes an mir verändern ...“ Der Sterbende schöpft hier plötzlich und zur Verwunderung aller neuen Lebensmut. Die Angehörigen und Betreuer sollten diese Pläne und den neuen Lebensmut akzeptieren, ohne den Sterbenden von der Realitätsferne seiner Vorstellungen überzeugen zu wollen. Sonst wird er sich umso mehr daran klammern. Nur durch diesen Lebensmut bleibt noch eine gewisse Handlungsfähigkeit erhalten, ohne dass eine lähmende Resignation eintritt.

4. Wenn aufgrund der fortschreitenden Krankheit die körperlichen Kräfte zunehmend nachlassen, wird dem Sterbenden immer deutlicher, dass das Ende unausweichlich naht. Er erkennt, dass es keine Aussicht mehr auf Besserung und Heilung gibt. Er wird unmittelbar mit dem Schmerz des endgültigen Endes konfrontiert. Die vorher gesetzten Lebensziele stürzen ein wie ein Kartenhaus. Depression und Resignation treten auf. Das Gefühl: „Es hat doch alles keinen Sinn mehr“, kennzeichnet den Ein-

tritt in diesen Abschnitt des Sterbeprozesses. Es kommt zu einer tiefen Trauer. Worte der Aufheiterung und Ermunterung sind unangemessen, sie stören den Prozess des innerlichen Abschiednehmens. Der Sterbende ist dankbar für stille Begleitung, Ruhe und wortlose Anteilnahme. In dieser Phase ordnet er seine Dinge, äußert seine letzten Wünsche und versucht, noch offen stehende materielle wie zwischenmenschliche Schulden zu begleichen.

5. Wenn es gut geht, erwächst aus Niedergeschlagenheit und Rückzug das fünfte und letzte Stadium: die Phase der Zustimmung. Der Sterbende hat die Trauer um den Verlust von allem, was ihn mit dem Leben verband, durchlitten und dadurch hinter sich gelassen. Er ist frei von Furcht und Sorgen. Er erwartet nichts mehr von dieser Welt. Eine tiefe Ruhe durchzieht ihn. In dieser Phase braucht der Sterbende nicht mehr über den Tod zu sprechen - er ist bereit. Danach tritt der Tod bald ein.
Leider wird dieser Zustand der Aussöhnung nur selten erreicht. Manche Menschen verharren in der Phase der Leugnung. Wenn das Thema Tod während des Lebens zu sehr verdrängt wurde, fällt es schwer, jetzt diese Verdrängungsmechanismen aufzulösen. Auch Bindungen an Werte oder Menschen können den Sterbenden zurückhalten. Angehörige und Betreuer, auch die behandelnden Ärzte, fordern ihn oft zu einem Kampf bis zum letzten Moment auf.
Diese fünf Phasen verlaufen individuell, manchmal auch abwechselnd oder überlappend. Wird ein jüngerer Mensch mit dem Tod konfrontiert, so steckt er noch voller Wünsche, Sehnsüchte und Hoffnungen.

Daher hat er im Sterbeprozess viel aufzugeben und braucht dafür seine Zeit. Nach einem langen Leben ist die Situation meist anders: Dieser Mensch musste bereits viele Wünsche begraben und durch die Gebrechlichkeit des Alters schon manche Freuden des Lebens aufgeben. Dann kann der Abschied von der Welt leichter fallen. Bevor die letzte Phase der Zustimmung erreicht ist, gibt es auch schon Momente, in denen der Betroffene sein nahendes Ende realistisch einzuschätzen vermag. Hilfreich ist es, wenn er sich dann einem Menschen anvertrauen kann, der zuhört, ohne mit allgemeinen Phrasen der Aufmunterung dem Thema auszuweichen.

Oft haben die Mitmenschen selber so viel Angst vor dem Tod, dass sie mit einem Sterbenden nicht darüber sprechen können. Und wir sollten auch einen Sterbenden nicht dazu drängen, sich endlich einmal über seinen Tod zu äußern. Wir brauchen nur unsere Bereitschaft zu signalisieren, dann wird er eines Tages, wenn es sein Bedürfnis ist, das Gespräch mit uns suchen. Dabei gibt der Sterbende vor, wie lange und wie tief er über den Tod sprechen möchte. Für die Sterbebegleitung ist es wichtig, diese Grenzen zu akzeptieren, sonst verlieren wir das Vertrauen des Sterbenden und verstärken sogar noch seine Abwehrhaltung. Er muss sich seinem Tod so nähern können, wie es ihm entspricht, und nicht wie es sich seine Mitmenschen wünschen.

Ebenso wie der Sterbende brauchen die Angehörigen ihre Zeit, den Verlust des geliebten Menschen zu akzeptieren. Sie durchlaufen dabei die gleichen Phasen. Idealerweise gelangen bei einem Ehepaar der sterbende und der weiterlebende Partner in die Phase der Zustimmung, so dass sie sich bewusst aussprechen und voneinander verabschieden können. Sie können dann trotz mancher Konflikte und Dissonanzen, die sich vielleicht während des Zusammenlebens ergeben haben, in Frieden auseinandergehen.

Wie verläuft nun der Sterbeprozess bei einem spirituell ausgerichteten Menschen? Wir machen uns oft ein Bild, wie dieser sterben sollte: Er sieht dem Tod gefasst und ohne Angst entgegen in der Gewissheit, dass eine neue Seelenqualität den geistigen Menschen in ihm in das Gebiet seiner eigentlichen Bestimmung tragen wird. Sicher, der spirituelle Mensch löst so nach und nach seine Bindungen an diese Welt auf, aber er wird möglicherweise bis zum Zeitpunkt seines Todes noch nicht alle gelöst haben. Er hat sich mit dem Tod auseinandergesetzt und akzeptiert, dass dieser unausweichlich zum Leben gehört. Aber damit hat er das eigentliche Zugehen auf den Tod noch nicht wirklich durchlebt. Keiner von uns kann wissen, welche Gefühle in ihm aufsteigen, wenn der Tod konkret bei ihm anklopft. Wir müssen damit rechnen, dass die Angst in ungeahnter Heftigkeit in uns aufsteigt. Daher werden auch wir als spirituelle Sucher im Sterbeprozess die Phasen des Leugnens, der Auflehnung, des Verhandelns und der Resignation durchleben, ehe es zur Zustimmung kommt.

Der suchende Mensch wird nicht nur die Bilanz seines allgemeinen Lebens, sondern auch die Bilanz seines strebenden Lebens ziehen. Er wird sich fragen, ob sein Streben nicht hätte intensiver sein können. Schuldgefühle würden hier nur die Entwicklung der Seele blockieren. Wir können sicher sein, dass die göttliche Liebe nicht verurteilt, sondern immer versucht, all das für die Ewigkeit zu bewahren, was an neuen Seelenkräften frei geworden ist. Diese Gnade kann sich entfalten, wenn der Mensch in der Phase des Sterbens auf seine spirituelle Mitte ausgerichtet ist.

Für Rosenkreuzer zum Beispiel kann ein Eintauchen in die Atmosphäre ihres Tempels als Brücke dienen und dadurch ein leichteres Annehmen von Ängsten und Schuldgefühlen ermöglichen. Jeder durchlebt den Sterbeprozess in seinem eigenen Tempo und auf seine eigene Weise! Ein gut gemeinter Ratschlag - zum falschen Zeitpunkt eingebracht - kann die aus dem Unbewussten gesteuerte Abwehrhaltung sogar noch verstärken. Im Kontakt mit dem Sterbenden sollten wir versuchen zu erspüren, auf welcher Ebene wir ihn ansprechen können: Wird er aktuell mehr von den sich aufbäumenden Kräften aus dem Natur-Ich gelebt, so sollten wir diesen einen verständnisvollen Raum geben. Wir helfen dadurch dem Sterbenden, diese Kräfte zu betrachten und zu akzeptieren, um sie dann im Wissen um die Wahrheit loslassen zu können. Sind jedoch die Kräfte aus der Seele vorherrschend, können wir ein Gespräch auf dieser Ebene führen. Oft kann auch eine stille Anwesenheit für die Belebung der Seelenkräfte im sterbenden Schüler mehr bewirken als viele gut gemeinte Worte.

Wir haben über das Sterben und seine verschiedenen Phasen gesprochen. Das Endura beschreiben wir als „tägliches Sterben“. Erkennen wir die Parallelen zum natürlichen Sterbeprozess?

Die Lehre des Rosenkreuzes stellt uns unmittelbar vor die Tatsache, dass unser Ich und unsere Persönlichkeit keine Ewigkeitswesen sind. Durch den Auflösungsprozess nach dem Tod bleibt von der Persönlichkeit nichts mehr übrig. Tief innerlich wissen wir, dass das richtig ist. Aber für unser Natur-Ich löst diese Tatsache Angst und Hoffnungslosigkeit aus. Daher können wir uns dem enduristischen Sterben der Ego-Kräfte auch nur schrittweise nähern.

1) Uns wird im Verlauf des Lebens bewusst, dass wir an bestimmten Punkten unsere ichzentralen Bindungen an diese Welt auflösen müssen. Aber verharren wir nicht zunächst im Stadium der Leugnung? Wir wollen nicht wahr haben, dass wir uns einem bestimmten Problem stellen müssen.

2) Können wir dieses Problem schließlich nicht mehr leugnen, lehnen wir uns dagegen auf. Vielleicht fühlen wir uns durch die Kräfte der Gnosis in die Enge getrieben.

3) Letztlich sehen wir ein, dass es nur eine spirituelle Lösung gibt. Aber das Natur-Ich möchte verhindern, dass es mit vergeht, also einen Teil seiner Macht im Mikrokosmos aufgeben muss. Es sucht daher einen Kompromiss. Dies entspricht der Phase des Verhandelns.
Das Ich versucht, durch eine vorbildliche Haltung ein Annehmen der Person zu erwirken. So wie der Sterbende versucht, durch Wohlverhalten dem Schicksal noch etwas Zeit abzuringen, versucht das Ich durch Kultivierung seinen Untergang hinauszuschieben. Wie kann das geschehen?
Das Ich wird von Denken, Fühlen und Wollen regiert, dessen mächtigste und dynamischste Kraft der Wille ist. Dieser Wille versucht, alle Handlungsimpulse mit Kräften dieser Welt umzusetzen. Auch die Sehnsucht nach der Ewigkeit, die durch die Einstrahlung von gnostisch göttlichen Kräften in unser

Herz genährt wird, beantwortet der Wille zunächst ganz automatisch, indem er versucht, das göttliche Licht mit Kräften dieser Natur zu verwirklichen. Er kann es dabei aber nur imitieren.

4) Doch die gnostischen Kräfte helfen uns, jede Imitation zu erkennen. Dieser Prozess der Selbsterkenntnis kann länger dauern. Wir müssen dabei schmerzlich feststellen, dass wir viel Kenntnis erworben, diese jedoch in unserem Leben noch nicht in Weisheit umgesetzt haben. Dadurch kann sich eine traurige, resignierte Stimmung einstellen, und der Sterbende muss schließlich erkennen, dass es keine Aussicht auf Besserung oder Heilung mehr gibt. Er verfällt in die Stimmung: „Es hat doch alles keinen Sinn mehr."
Da unser Ich diesem schmerzhaften Gefühl der Erfolglosigkeit ausweichen möchte, wird es versuchen, so lange wie möglich die imitierende Haltung aufrechtzuerhalten. Denn wer möchte schon vor sich selbst oder Anderen als gescheitert dastehen?

5) Die gnostische Kraft dynamisiert unsere Selbsterkenntnis, so dass wir eines Tages, wenn wir innerlich dazu gereift sind, die Nutzlosigkeit unserer bisherigen Bemühungen auf dem Erkenntnispfad wahrnehmen. Aus diesem Gefühl der Resignation kann sich dann Reue entwickeln, nämlich der Seelenschmerz, vom Willen in der Entfaltung behindert worden zu sein.
Dann weicht das Ich, weil wir seine Machtlosigkeit auf dem Pfad tief erfahren haben. Das ist das Stadium der Zustimmung zu einer Art Ich-Ersterbung.
Während wir den Tod sonst mit Leid und Schmerz verbinden, erfüllt diese Selbsthingabe unser System

mit tröstender Freude. Leid und Schmerz erfahren wir, solange wir uns noch im Stadium der Leugnung, der Auflehnung und des Verhandelns aufhalten. Im Stadium der inneren Einkehr tritt das Ich zur Seite und lässt die Seele zur Entfaltung kommen.
Dadurch erreichen wir das Stadium der Zustimmung, das wir beschreiben mit dem Anruf: „Herr, mir geschehe nach Deinem Willen!“ Wir haben das schon oft bei den Zusammenkünften der Rosenkreuzer erfahren, wenn auch manchmal nur von kurzer Dauer. Durch unser Bemühen auf dem Pfad kann daraus jedoch ein beständiger Seinszustand werden. Dann sind wir der Natur nach gestorben, bevor wir den stofflichen Tod sterben - aber nicht um endgültig zu vergehen, sondern um in eine neue Fülle einzutreten.
Angelus Silesius drückt es so aus: „Wer nicht stirbt, eh' er stirbt, der verdirbt, wenn er stirbt.“
Die Frage „Stirbt ein spirituell suchender Mensch anders?“, kann nur im Zusammenhang mit seinem Bewusstseinszustand beantwortet werden. Oder anders ausgedrückt: Die Seelenwiedergeburt hat bereits stattgefunden, aber die Seele ist noch nicht zu einer vollständigen Geist-Seele geworden. Daher sollten wir keine falschen Erwartungen an uns stellen, wenn das Sterben durchlebt werden muss. Der spirituell strebende Mensch stirbt der Persönlichkeit nach wie jeder Mensch. Wir müssen damit rechnen, dass im Angesicht des Todes in uns die ganz natürliche Angst der irdischen Persönlichkeit auftritt, die wir erst stufenweise überwinden können.
Es ist jedoch ein neues Wesen vorhanden: die Neue Seele. Sie verbindet uns mit der ganz anderen Wirklichkeit eines neuen Lebensfeldes. Wenn es uns ge-

lingt, in tiefem Heilverlangen die Seele auf das neue Lebensfeld gerichtet zu halten, schenken uns die einstrahlenden gnostischen Kräfte Trost und Frieden für den Sterbeprozess.

Der Tod bedeutet üblicherweise das Ende eines Lebens, das dem Mikrokosmos keine Befreiung von dieser Welt ermöglicht hat. Für den entwickelten Seelenmenschen bedeutet der Tod jedoch die Befreiung der Seele von den Behinderungen des Stoffes. Auch wenn dieser Seelenzustand beim Sterben noch sehr jung und zart ist und der Seelengewinn daher nur verhältnismäßig gering, ist es sicher, dass mit dem stofflichen Tod der Mikrokosmos aus der irdischen Bindung emporgehoben wird.

Nachwort

Wir haben in diesem Band den Versuch unternommen, Seelenentwicklungen aufzuzeigen, die jeder Mensch im Lauf seines Lebens an irgendeiner Stelle seines persönlichen Schicksalsweges wiedererkennt und dadurch bewusst nachvollziehen kann.

Bilder sprechen die Seele direkt an. Darum haben wir die Alchemie und ihren reichen Bilderschatz als Grundlage unserer eigenen Seelenarbeit und unserer Überlegungen gewählt.

Die vier Entwicklungsprozesse der Seelentransformation, die wir beschrieben haben, calcinatio - solutio - sublimatio - coagulatio, werden sicherlich nicht nur einmal durchlaufen, sondern wie in einem Spiralengang mehrmals, immer auf einer höheren Erkenntnisebene.

Der Sinn der Alchemie führt zu einem paritätischen Ausgleich der vier Prozesse im Menschen, zu einer inneren Harmonie. So kann der Einfluss des höheren Dreiecks über dem Viereck immer bewusster harmonisch erfahren werden und nicht mehr nur als zerbrechend.

In der christlichen Terminologie wird dieses Dreieck angedeutet als Vater, Sohn und Heiliger Geist, in der indischen Philosophie als Brahma, Vishnu und Shiva.

Wir werden erkennen, dass der Wechsel in die weiteren höheren Prozesse nicht erst die Vollkommenheit unserer Persönlichkeit voraussetzt, denn dieser

Kreislauf des „immer besser, schöner und größer Werden-Wollens“ ist doch letztlich die Ursache allen Leidens. Das jedem Lebewesen innewohnende Ziel seiner Entwicklung ist entscheidend und ebenso sind es Erkenntnis und Willenskraft. Wir streben danach, Diener für diese höheren Kräfte zu sein, die das Werk in uns und durch uns im vollen Leben verrichten – wenn wir durch unsere Lebenserfahrungen dazu bereit sind. Das bedeutet, dass die seelisch-geistige Entwicklung des Menschen immer weitergeht.

Die Unkenntnis dieser Zusammenhänge ist wohl die Ur-Ursache von Krankheit.

Alle Prozesse, die hier alchemistisch dargestellt wurden, finden auch in der Menschheit als Kollektiv statt, und zwar auf unterschiedlichen Ebenen und in unterschiedlicher Geschwindigkeit, beschleunigt durch jeden einzelnen Menschen als Katalysator, durch den sich diese Prozesse bewusst vollziehen können.

Solche Quantensprünge sind immer eine Hilfe zum Neu-Denken, zur Neu-Orientierung einer neuen Gesellschaft. Es geht um die Erschaffung eines Neuen Menschen, der seine Egozentrik überwunden hat und wieder im Rhythmus des All-Einen mitschwingt und bewusst mitarbeitet.

Jede Selbsterkenntnis eines Menschen, der durch diese tiefen inneren Erfahrungen hindurchgegangen ist, dient der kollektiven Bewusstseinsentwicklung der gesamten Menschheit. Denn alle Menschen zusammen bilden eine Wesenheit, von der jeder eine Zelle ist und dadurch holographisch die Ganzheit in sich trägt. Der Genesung dieses Wesens Menschheit dient der Christus im wahrsten Sinn des Wortes als Heiler, als Heiland.

Die Alchemie dient der Transformation der Persönlichkeit zu diesem wahren Tempel-Arbeitsplatz - im Menschen selbst und im Herzen der Welt.

Zu diesem Buch bietet der DRP Rosenkreuz Verlag eine DVD an, die neben dem Vortrag „Psychologische Alchemie" eine Videoanimation über den Fall des Mikrokosmos und dessen Rückführung in die göttliche Einheit durch die beschriebenen alchemischen Prozesse enthält.

ISBN 978-3-945115-04-6
www.drpshop.de

Zitierte Literatur:

Bo Yin Ra, *Geist und Form*, Kober Verlag 1981

Thom F. Cavalli, *Alchemical Psychology*, Penguin Books 2002

Nabil I. Ebeid, *Egyptian Medicine In The Days Of The Pharaos*, General Egyptian Book Organization 1999

Edward F. Edinger, *Der Weg der Seele*, Kösel Verlag 1990

Johannes Fabricius, *Alchemie - Ursprung der Tiefenpsychologie*, Psychosozial-Verlag 2003

Sylvio J. Godon, Schwäbische Zeitung 31.12.2007

Thomas Hofmeier, *Michael Maiers Chymisches Cabinet*, Thurneysser Verlag 2007

Maya Peter, *Um Ostern mit Kindern*, Ogham Verlag 1991

Jan van Rijckenborgh, *Die Ägyptische Urgnosis, Teil 2*, Rozekruis Pers 1997

Jan van Rijckenborgh, *Die Alchimische Hochzeit des Christian Rosenkreuz, Teil 1*, Rozekruis Pers 1998

DRP Rosenkreuz Verlag

Der DRP Rosenkreuz Verlag produziert gnostische Literatur im modernen Gewand und vertreibt die Bücher des niederländischen Verlages Rozekruis Pers in deutscher Übersetzung.

Bücher können und sollen gelebte Erfahrung nicht ersetzen, aber sie können an Wissen heranführen, das im Innern des Menschen verborgen liegt und wieder geweckt werden kann. So richtet sich die Literatur beider Verlage an philosophisch und religiös interessierte Menschen auf der Suche nach der Wahrheit hinter den Dingen; an Menschen, die nach dem Urgrund des Daseins fragen; Menschen, die ihren Lebenssinn nicht in der allgemeinen Gleichförmigkeit finden können; an Menschen mit Interesse an gnostischem Gedankengut in der Weltliteratur und an den großen Denkern der abendländischen Geistesgeschichte; vor allem aber an Menschen, die einen praktischen christlichen Einweihungsweg suchen und auch gehen wollen.

„Gnosis ist die Zusammenfassung der Urweisheit, der Inbegriff aller Erkenntnis, welche unmittelbar auf das ursprüngliche göttliche Leben hinweist. Aus dieser Umschreibung wird klar, dass sich die wahre Gnosis, die ursprüngliche Kenntnis Gottes, die dem Menschen Zugang verschafft zu dem Weg, der zur Erlösung führt, niemals auf ein bestimmtes Land oder auf ein bestimmtes Volk beschränkt. Im Gegenteil, die Gnosis ist universell und will die gesamte Menschheit umfassen. So wird sie auch überall in der Welt, wo die Botschafter des Lichtes wirkten und wirken, zur Offenbarung gebracht."

Aus „Die chinesische Gnosis" von Catharose de Petri und Jan van Rijckenborgh